U0627904

高校干部人事档案信息化管理研究

田亚慧　龚海洁　郝彦革　著

吉林大学出版社

·长春·

图书在版编目（CIP）数据

高校干部人事档案信息化管理研究 ／ 田亚慧，龚海洁，郝彦革著.—— 长春 ： 吉林大学出版社， 2021.11
ISBN 978-7-5692-9403-3

Ⅰ．①高… Ⅱ．①田… ②龚… ③郝… Ⅲ．①高等学校—人事档案—档案管理—信息化建设—研究 Ⅳ．① G647.23

中国版本图书馆 CIP 数据核字 (2021) 第 224819 号

书　　　名：高校干部人事档案信息化管理研究
GAOXIAO GANBU RENSHI DANG'AN XINXIHUA GUANLI YANJIU

作　　者：田亚慧　龚海洁　郝彦革　著
策划编辑：邵宇彤
责任编辑：杨　平
责任校对：柳　燕
装帧设计：优盛文化
出版发行：吉林大学出版社
社　　址：长春市人民大街 4059 号
邮政编码：130021
发行电话：0431-89580028/29/21
网　　址：http://www.jlup.com.cn
电子邮箱：jdcbs@jlu.edu.cn
印　　刷：定州启航印刷有限公司
成品尺寸：170mm×240mm　　16 开
印　　张：9.75
字　　数：212 千字
版　　次：2021 年 11 月第 1 版
印　　次：2021 年 11 月第 1 次
书　　号：ISBN 978-7-5692-9403-3
定　　价：59.00 元

版权所有　　翻印必究

人事档案是我国人事管理制度的一项重要特色，它是个人身份、学历、资历等方面的证据，与个人工资待遇、社会劳动保障、组织关系紧密挂钩，具有法律效用，是记载人生轨迹的重要依据。高校的人事档案则是国家人事档案的组成部分，是对个人的生活、学习及各种社会实践的真实历史记录，也是用人进行选拔、任用、考核的主要依据。目前，出境、计算工龄、工作流动、定级、职称申报、办理各种社会保险以及退休等都需要个人档案，特别是在国有企业、事业单位，人事档案相当重要。对于高校的干部来说，以上方面也都涉及，而高校干部人事档案是高校人事档案管理建设的重点。原因在于干部人事档案工作，是党和国家干部工作的重要组成部分，也是国家档案管理的组成部分。从大的方面来说，干部是贯彻执行党的干部路线、方针和政策，选贤举能，知人善任，进行社会主义现代化建设的指导者；从小的方面来说，干部对高校各方面的构建及高校综合实力的提升具有积极的作用。

一、高校人事档案管理信息化的大背景

随着现代科学技术的发展，人事档案的数据信息呈现出数量大、更新快的趋势。在当代社会，利用数据信息处理技术来实现人事档案的信息化构建是非常必要的，同时这些现代技术为人事档案管理工作也提供了多元化的发展路径。目前，现代科学技术运用到人事档案管理中已经取得了很大的成就。对于高校来说，人事档案管理的工作非常重要，这源于高校人数众多、人员众多，因此高校需要在相对开放的组织系统中构建一套完整且有效的管理制度。

中共中央办公厅于2018年印发了《干部人事档案工作条例》，这是一项重要的基础性党内法规，对新时代全面发挥干部人事档案资政作用、全面提升干部人事档案的权威性和公信力具有重要意义。

2020 年新修订的《中华人民共和国档案法》新增了"档案信息化"专章，以立法的形式明确了档案信息化建设的重要性。加强档案信息化建设、推进信息化档案管理系统建设，已成为接下来干部人事档案管理工作的重要方向。

2021 年的各地省级地方两会，释放出突出产业转型升级，先进制造业、现代服务业、数字经济是三大方向的信号。对于高校干部档案来说，在数字经济引领下需要实现的是高校干部人事档案管理的信息化。传统的干部人事档案管理的方式在高校中已经落伍，需要尽快完成从纸质信息转向信息化资源的构建。相对于纸质化的存储模式，信息化、数字化的档案资源的建构在查询与服务功能上具有明显的优势。加快档案信息化建设是我国信息化建设的重要内容之一，也是加强档案规范管理工作、实现档案管理科学化和档案信息社会化服务的要求。为此高校也应加大干部人事档案信息化建设的资金投入，完善档案信息化建设的基础设备，加快建立档案数据库和数字档案室的步伐。

二、本书的基本框架

本书在上述背景下，从高校干部人事档案管理信息化建设的角度出发，通过介绍人事档案相关的知识，综合分析了档案信息化建设的现状，以此为基础来构建信息化的系统。

本书共分为六章：

第一章介绍高校档案与档案管理的相关知识，主要就高校档案及高校档案管理的相关体制展开论述。

第二章介绍高校干部人事档案管理及现状，高校干部人事档案管理的相关内容，就高校目前的干部人事档案管理存在的管理落后、信息化程度不高等情况展开论述，并提出了改进高校干部人事档案管理的措施。

第三章介绍高校干部人事档案信息化的实施方法与策略，通过理论指导、管理原则、管理方法、管理措施、管理过程及管理步骤等来确定高校干部人事档案管理的构建方法与策略。

第四章和第五章主要从高校干部人事档案信息化管理系统及相关内容的构建出发，对信息化管理的概念、内容、原则、系统的功能需求，及信息化管理的内容和基本要求进行了详细的阐释。

第六章介绍大数据与高校干部人事档案管理。详细阐述了大数据的概念及特征、大数据背景下高校干部人事档案信息化面临的机遇与挑战，以及实现信息化的条件与机制。

目前，关于高校人事档案管理及高校档案管理的论著较多，但涉及高校干部人事档案管理及档案信息化的内容较少，所以本书具有一定的学术价值。本书由田亚慧、龚海洁、郝彦革共同撰写完成，其中田亚慧负责撰写一至三章及附录，共计10.8万字，龚海洁负责撰写第四章、第六章、前言、结语及参考文献，共计8万字，郝彦革负责撰写第五章，共计1.6万字。在写作的过程中，由于作者水平有限，书中的缺点和论述难免有不全面之处，请各位读者批评指正。

作者

目 录

第一章 高校档案与档案管理

第一节 高校档案与高校档案管理

高校档案是高等学校档案的简称，对高校档案进行整体化、统一化的安排与归纳就是高校档案管理，两者既有紧密的联系，又相互区别。首先高校档案是高校档案管理的对象，而高校档案的延续与保存需要依靠档案管理来实现。高校档案要实现信息化的管理需要先对高校档案以及高校档案管理进行全面的梳理。

一、高校档案

（一）高校档案的定义及内容

在《高等学校档案管理办法》中对高校档案的定义是："指高等学校从事招生、教学、科研、管理等活动直接形成的对学生、学校和社会有保存价值的各种文字、图表、声像等不同形式、载体的历史记录"。高校档案区别于一般的文件资料，是按照符合高校规定的具有保存价值的内容进行整理与保存的，需要经过立卷的程序并最后归档。

由以上定义可以看出，高校档案主要包含三个方面的内容：

首先，在形成范围上，高校档案涵盖学校的一切活动，包括招生工作、教学活动、科研活动、管理工作等，这些活动中所形成的档案都包含在高校档案之中。高校档案虽然是高校文件的基础与来源，但它区别于高校的文件材料，具有保存的价值。

其次，高校档案是"直接形成的"。这些记录的形成具有原始性，是直接的、第一手的资料。经过加工、整理的资料只能称为文献或资料，不能构成档案。

最后，在形态特征上，高校档案与其他档案一样，具有纸质与非纸质的形态，通常会采用文字、图表、声像等方式来呈现，包括日常档案中的纸质材料、影像、录音带、光盘等，经过立卷归档之后，档案又进一步分成卷、册、袋、盒等形式，使档案管理更加科学化，提高了档案管理工作的效率。

具体地说，高校在从事招生、教学、科研、管理等活动过程中，为了与学校各部门、其他学校乃至其他国家之间进行交流与联系，一般都要收集或收到不属于本校直接形成也不反映本校工作活动的文件材料，这类文件材料不属于本校归档范围，也就不能转化为本校档案。

高校档案包括党群类档案、行政类档案、学生类档案、教学类档案、科研类档案、基本建设类档案、仪器设备类档案、产品生产类档案、出版物类档案、外事类档案、财会类档案十一个类别。这十一个类别主要以各类学校的性质（文、理、工、艺、农、商、军）为划分依据，不同学校的档案可能存在着差异，需要根据学校的性质来确定。一般来说，党群类档案、行政类档案、学生类档案、教学类档案、科研类档案、基本建设类档案、仪器设备类档案、财会类档案每个高校都具备，只是在数量上根据具体的情况适当加减。所以，《高等学校档案管理办法》第十五条规定"高等学校可以根据学校实际情况确定归档范围"，使档案管理具有灵活性。

（二）高校档案的特点

把握好高校档案的特点，可以推动高校档案管理的优化，促进档案管理的高效化。其主要的特点如下。

1. 综合性

高校档案虽然在规模、专业上设置不同，但在档案的配备上具有综合性的特点，其综合性主要体现在文书档案、科技档案、专门档案等的设置齐全，多样化档案的建立，便于档案的存放与管理。

2. 原始性

高校档案是在招生工作、教学活动、科研活动、管理工作中直接形成的原始的历史记录，其原始性特点将档案与图书、文件材料区别开来。因为一般的图书或资料是可以进行加工与更改的，学校所收集的图书、报纸、汇编、表格、照片、录像、录音带等都属于第二次或者第三次文献，其已经经过更改，不能作为档案进行存续。

3. 延伸性

随着高校每年各项工作的开展，所积累的档案的数量也在逐年增加，其延伸性得到体现，所以目前高校档案管理过程中需要对档案进行区分，通过对档案的保管价值的判定，来及时保护需要永久保存、长期保管的档案，通过建立档案保管制度，细化档案管理内容，同时要及时清除超过保管期限的档案，实现档案管理效率的提升。

4. 交叉性

在建立档案的过程中无论是以何种分类建立的档案都有着不同程度的交叉现象，这种现象是不可避免的，因此在前期建立档案的时候要充分地考虑到档案的交叉性特点，尽量做到衔接的有效性，避免重复归类，造成不必要的浪费。

5. 专业性

高校档案的专业性主要体现在高校的性质上，高校是培育合格的社会主义接班人的地方，也是进行学术交流、开展科研活动的场所。高校为了便于管理，会建立各种各样专业性的档案，高校档案中的"学生类"充分体现了高校档案的专业性特点。高校是育人的基地，围绕学生而建立的档案是高校档案的有机组成部分；将学生档案与其他档案并列处理，体现了高校档案的专业性。

6. 机要性

有些档案在一定的时期内需要进行保密处理，如果需要调出保密档案应经过学校的保密部门的批准，所以高校档案的机要性就要求在档案管理的过程中秉持严谨的态度，做好保密工作。

7. 信息性

高校档案的信息性构建了社会信息网，是社会信息系统的一个重要组成部分。高校档案的各种存在形式为高校的各项活动留下了历史记录，是展示成果的一种凭借。随着我国高等教育规模的不断扩大，高校档案的信息量呈现出爆炸式增长趋势，档案信息资源丰富，充分开发这些资源，实现其在高校管理中的转化具有重要的意义。

（三）高校档案的意义

高校档案在高校招生工作、教学活动、科研活动、管理工作、基础建设、设备维护、编纂史志中发挥着积极的作用。

1. 在高校招生工作中的贡献

高校档案对学生的管理主要体现在学校每年进行招生工作时，除了需要参考学校历年的招生工作档案情况，以此作为依据及参考，还需要查阅学生的个人档案，以此来了解学生的各项情况。待开学后，又开始在高中档案的基础上积极扩充大学期间的档案信息，来记录学生在大学期间的各项表现。这些档案的建立与存续，对之后的用人单位提供了了解学生各项素质的基本依据。

2. 高校档案在教学工作中的意义

专门针对高校教学制定的高校教学档案，是保障教学工作顺利开展的重要依据。高校的教学质量越高，越能输送更多的社会需要的高质量人才，而高校教学质量又与教学实践、教学研究以及教学管理有着密切的关系。在日常的教学实践、研究、管理中，需要借助教学档案来进一步促进教学活动的顺利开展，以往的教学档案中有许多优质的教学内容及教学方法值得借鉴，这些东西用在日常的教学活动中，可以很好地实现资源的优化配置。此外，教学档案的意义还体现在它是学校、教育系统用来评估教学过程、成果的一个重要的凭证。

3. 高校档案在科研工作中的意义

科研中建立的档案被称为科研档案，每一项科研课题从立项、审批、结项等都会有相应的档案留存。参考以往的科研档案能为新的科研档案提供灵感与方法。从学术交流上看，科研档案不仅为本学校开展科研活动提供了方便，同时一些公开的科研档案可以供社会各界的科研人员利用，实现了资源的优化配置。科研档案还是衡量高校科研水平的重要依据，众所周知，高校的科研能力较强的话，科研档案一方面可以转化为教学成果，为更多的学生所掌握，源源不断为教学输送新的数据；另一方面，还可以通过科研的转化成为社会生产力的一部分，对提高生产效率、促进经济的发展有着积极的作用。所以，科研档案的保管对提高学校的知名度、配合学校测评起到了推动作用。

4.高校档案在学校管理工作中的意义

高校在开展党群、行政、学生、教学、科研、基本建设、设备设施、产品生产、外事、出版、财会等各项管理工作中，所制定的各项规章制度，都是基于之前在教学管理中遇到的实际问题，都需要参考之前的历史档案，因此学校需要建立各种各样的档案，尤其是管理方面的档案，这些档案为学校建立良好的教学与管理秩序奠定了基础，也成为新的规章制度的参考依据。

5.高校档案在学校基本建设中的意义

学校基础建设所建立的档案是基建档案，高校在完善学校综合能力的过程中需要兴建一些建筑项目，如果缺乏基础的项目资料就无从施工，所以保证基建档案的完整、准确是高校开展基础设施建设的前提条件。

6.高校档案对设备维护的意义

设备档案指的是高校购置的一些高技术设备的技术资料、运行记录以及维修记录，以便进行日常的生产、教学和科研。

7.高校档案在编史修志工作中的意义

高校在发展的过程中，会编纂一些记录学校发生的大事记、人物纪实、校史校志等活动，这也是高校日常活动的一个重要部分。这些活动的开展需要充分依据历史档案，在体例、规范上有所借鉴，这样才能保持史志的规范性。

除上述情况外，高校档案在社会开放、资源合理配置等方面也发挥着积极的作用。

二、关于高校档案管理

（一）高校档案管理回顾

我国的档案管理可以追溯到明清时期，清代的科举考试分为四级——童试、乡试、会试、殿试，这些考试的试卷都会留档保存。到了鸦片战争以后，档案开始大面积出现。"随着社会各方面的发展和变化，在文化教育、财政金融等各种专业领域里都形成了各具特点的专业档案"[①]，到了清代末年，近代的教育档案已经形成，但一直处在没有建立统一档案管理制度的状态，高校档案的流失在当时是一个普遍的现象。

中华人民共和国成立之后，建立了国家档案局，随之而来的是全国各大机构、企业、社会团体开始建立广泛的档案管理制度，高校档案也在这个时候建立起来，开始归入党和政府统一管理的范畴。1956 年国务院颁布了《关于加强国家档案工作的决定》（以下简称《决定》），这是关于档案工作的第一个法规性的文件。高校依据《决定》来建立专门的从事档案管理的机构，培养专业的档案管理人员开展档案管理工作。从 20 世纪 60 年代到 80 年代，因为特殊的原因，高校档案工作发展缓慢。1988 年 1 月，《中华人民共和国档案法》颁布实施。1989 年 10 月，《普通高等学校档案管理办法》发布，之后《高等学校档案工作规范》（以下简称《规范》）、《高等学校档案实体分类法》相继颁布，高校档案管理在法律法规上趋于完善，这些法律法规的实施，进一步促进了高校档案管理的法制化、规范化、标准化，为建立现代高校档案管理奠定了基础。

近年来，高校的规模不断扩大，在教学规模、水平上都有了较大的提升，学校的日常工作也在现代互联网技术的运用下迈上了新的台阶，但在档案管理上却出现了滞后的状况，亟须新的技术来发展现代档案管理工作。为了促进高校档案管理工作的改革，保障档案管理实现信息化、现代化，2008 年 8 月中华人民共和国教育部组织修订了《普通高等学校档案管理办法》，还与国家档案局合作，联合发布了《高等学校档案管理办法》（以下简称《办法》）。《办法》对档案管理工作提出了更高的要求，使高校档案管理进一步沿着规范化、标准化、科学化的道路向前发展。如今，各大高校都在加快档案管理建设，根据学校的实际情况选择适合学校档案管理发展的道路，积极推进现代档案管理的构建。有的学者对《高等学校档案管理办法》给予了充分的肯定："作为指导新时期新阶段高校档案工作科学发展的重要法规性文献，《办法》的颁布实施有利于加快推进现代大学管理制度建设，深化高校档案工作改革，提高档案服务于高等教育与社会经济发展的能力和水平，是我国高校档案工作发展史上的重要里程碑。"[②] 所以，依照《办法》快速推进

---

① 邹家炜.中国档案事业简史 [M].北京：中国人民大学出版社，1985.

② 马仁杰，张洁.我国高校档案工作发展史上的重要里程碑——评新颁布的《高等学校档案管理办法》[J].档案学通讯，2009（2）：12-14.

高校档案管理工作，是每个高校档案工作开展的重点。

（二）高校档案的分类

近年来，高校在规模与教学、管理水平上都有了很大的提升，表现在高校档案上则是出现了大量的档案信息，需要进一步梳理，进行细化分类，实现高校档案管理的标准化与规范化。高校档案之所以要进行分类，是因为要实现高校档案工作的科学管理，使档案资源在高校中得到充分利用。

1.高校档案分类的特征

高校档案的分类具有思想性、科学性、适用性三大特征。

（1）思想性。高校档案的分类标准要以辩证唯物主义为指导思想，参照国家的相关档案工作规定来进行分类。

（2）科学性。应运用科学发展观来指导档案管理工作，通过结合高校实际情况，按照档案发展的基本规律，加强理论与实践的紧密结合，因此高校档案分类具有科学性。

（3）适用性。因为高校在规模、类型、层次上存在着不同，所以在设置高校分类原则的时候要坚持统一性、适用性原则，根据高校的实际发展情况来分类，给学校在档案类别上的划分以更大的自由度。

2.高校档案的具体分类

高校的档案按一级类目可以划分为十类，分别为党群类、行政类、教学类、科学研究类、产品生产与科技开发类、基本建设类、仪器设备类、出版类、外事类、财会类。

党群类：主要包括学校党群部门在工作中形成的文件材料。

行政类：主要包括高校的行政职能部门（教务、科研、开发、基建、设备、外事、财务等部门除外）工作中形成的文件材料。

教学类：主要包括教学管理和教学实践活动中形成的文件材料。

科学研究类：主要包括科学研究管理和科研实践活动过程中形成的文件材料。

产品生产与科技开发类：主要包括产品生产、科技开发管理及活动过程中形成的资料。

基本建设类：主要包括基本建设管理项目建设中形成的文件材料。

仪器设备类：主要包括仪器设备工作管理和仪器设备申请购置、开箱验收、安装调试、管理使用、维修改造、申请报废等各个环节中形成的文件材料。

出版类：出版工作管理和出版活动过程汇总形成的文件材料。

外事类：主要包括外事工作中管理和外事活动中形成的各种文件材料。

财会类：财务工作管理和会计核算活动中形成的文件材料。

以上的十大类是一级类目，有的档案资料较多，还需要设置二级类目甚至三级类目，这些要根据学校的实际情况来确定。

（三）高校档案管理制度

档案管理制度的出现是为了规范档案管理、延长档案的寿命，使人们充分利用档案，获得想要的信息，高校档案管理制度的实质就是维护高校档案的完整与安全。

1. 高校档案的安全性

从事高校档案管理工作的首要任务是保护档案资料的安全性，使档案能得到长久的保存与利用。其主要包括以下五个方面的工作内容。

（1）档案流动过程中对档案的安全防护。档案在流动的过程中，需要在各个环节对档案进行保护。具体要求是在使用的过程中对档案轻拿轻放，远离水、火等危险因素，还要注意档案的机械磨损等问题。

（2）档案保护技术工作。具体指的是对受损档案的抢救与修复，主要包括存放档案的环境控制、防止档案被破坏、档案破损时的修复等工作。

（3）保护档案的完整性，防止损坏。充分了解档案受到损坏的因素，尽量避免这些因素的发生，这一环节的工作目标是最大限度地降低档案的受损程度。

（4）延长档案的寿命。一般档案的保管是有一定的年限的，档案在经过一定的时间后会出现自然破损的现象，所以要积极改善档案保管的各种条件，尽可能延长档案的寿命。

（5）保证档案的安全。安全包括两个方面的内容，首先是档案物质形态的安全性保护；其次，是档案所蕴含的信息的价值的安全性保护，要避免丢失与泄密。

2. 高校档案管理的要求

高校档案管理要遵循以下原则。

（1）加强对重点档案的保护，同时兼顾一般档案的原则。在高校档案管理过程中要对永久保存的档案、重要立档单位的档案进行特别保护，应定时查看其完整性。同时，要确保一般档案具备档案管理的基本条件。

（2）预防为主，防治结合的原则。将预防与治理结合起来推进档案管理工作。预防措施主要包括防火、防盗、防水、防虫等；治理措施主要包括灭火、消毒、恢复等。在管理过程中，需要以预防为主，通常预防得越好，档案的保存年限越长。

（3）立足长远，保护当前。档案的管理要以档案为学校带来的长远利益为出发点，但在当下需要加大力度保障档案管理工作的正常开展，使档案发挥积极的作用，实现高校档案的经济效益与社会效益的转化。

3. 高校档案库房管理

档案管理工作的细化表现之一就是高校档案的库房管理，从定义上看高校库房管理侧重档案的场所管理，但不仅局限在场所上，指的是在库房中发生的一切对档案管理的活动。其具体包括高校档案库房管理、库房安全制度、档案进出库的登记制度、档案库内清洁卫生制度、档案检查制度、档案库房与装具的编号、档案存放位置索引与代理卡。

4. 高校档案的鉴定

随着时代的发展，档案会随着时间的推移而越积越多，高校需要根据实际情况对档案进行鉴定，留下有价值的档案，对没有利用价值的档案进行销毁，这就是档案的鉴定。档案的鉴定实际上包含着两大环节：档案的鉴定、档案的销毁。首先需要整理之前归档的档案，鉴定的依据是是否具有价值，若需要继续保存，则确定应保存的时间。其次，是对已经到期、没有价值的档案资料的销毁。

（1）档案价值鉴定的含义。档案价值的鉴定是按照国家有关档案保存期限的规定，对档案进行价值的判定，确定有价值的文件的保存年限，剔除无价值的档案，并及时销毁的过程。通常包括两个阶段。

第一阶段：在机关文件归档时，对文件能否转化为档案进行资格审定，确定其是否属于归档范围，同时剔除没有保存价值的文件材料。归档的过程就是对文件选择的过程，归根结底是看该文件是否有保存价值。因此，归档范围的确定实际上是对文件价值的初步判定，是档案鉴定工作的第一关口。

第二阶段：对于进入归档范围的文件材料，根据其在日后保存过程中可能产生的不同作用来确定档案的生存期，提出应保存的年限。划分档案的保管期限是对文件价值的进一步判定，是决定档案命运的关键所在。

（2）档案价值鉴定的意义。档案价值鉴定的过程实际上是对人力、物力、财力等方面的最优配置，将工作的重心转移到有价值的档案管理上去，对那些没有价值的档案则不再花费精力，实现了资源的优化配置。不同档案经过价值鉴定之后呈现出集中化的特点，更加便于管理。档案价值鉴定的过程还将不同保管时间的档案区分开来，为之后档案管理的后续性工作打下了基础。因此，高校的档案管理部门应该依据档案的整理原则，对不同保管期限的文件提出不同的整理要求。

（3）档案价值鉴定的原则。

①要运用发展的眼光来判定档案的价值，将档案放在一个不断运动、发展的状态去看待，结合学校发展的需要，从历史的、辩证的、全面的角度去确定档案对学校的价值。其所遵循的原则主要有以下几个方面。

首先，要从历史的角度来完成档案价值的鉴定。一定的历史环境下产生的档案，其内容、形式等都是历史的产物。所以，要分析档案的价值需要，将其放在一定的历史环境中来考察，分析其在特定的历史时期所起的作用，从而判定其是否具有保存的意义。除此之外，其还表现在档案的历史研究价值，应该着重考虑档案是否给当时社会的各个方面，如地方史、教育史、经济史、文化史、专业史、社会生产史带来巨大的影响。

②要运用全面的观点来完成档案价值的鉴定。全面是指需要从档案的表层、深层、正面、反面、横向、纵向等角度全方位地去衡量档案的价值。这个方面包含以下三点。

首先，要对档案所涵盖的各方面的信息进行全面的分析，从来源、内容、时间、文种、载体形式等方面进行综合的判定。

其次，档案的产生并非是孤立的、片面的，而是与其他档案之间有交叉。所以，在考察档案的价值性时，就不能孤立地分析该档案的价值，只有将档案与其他档案联系在一起才能实现档案价值判定的全面性。

最后，全面性还表现在用发展的眼光去看待档案对未来高校发展的价值，全面预测当今时代社会对档案的利用。社会对档案的利用是全面的、多层次的、多角度的、多方面的，所以档案的价值要根据学校的需要与社会的需要这两大板块进行考虑，将眼前的需要与长远的需要结合在一起。总之，全面性主要表现在全面地分析档案的当代价值与未来价值上，需要结合多方面的因素综合考虑，确保档案的价值得到充分的利用，真正地造福学校与社会。

要从发展的角度来完成档案价值的鉴定。档案的价值具有时效性、扩展性的特点，从发展的角度看，现在有着重要价值的档案，可能在数年后变得毫无用处；相反，现在看起来毫无用处的档案，可能在未来有了重要的价值。所以，对档案价值的判断需要运用发展的眼光，用辩证唯物主义、历史唯物主义的思想和方法去指导档案的价值判断，预测档案的现实意义与长远意义。

④要从效益的角度来完成档案价值的鉴定。效益的观点是档案管理工作中必须考虑的重要因素之一，要充分考虑保存档案的成本与档案所带来的价值之间的比例是否合理，有的档案可能有一定的价值，但需要花费较多的成本才能保持档案的完整性。所以，从效益的角度看，只有在档案拥有的价值超过其保存所花费的成本时，其保存才有意义。在鉴定档案价值时，应摒弃多多益善的思想，也不能因为怕花费成本，而将有意义的档案销毁，通过鉴定将那些在政治、经济、军事、科学、文化、教育等方面有较高利用价值的档案保存下来，以实现其社会效益与经济效益。

（4）高校档案的保管期限。高校档案保管期限的确定依据的是国家档案局于 2006 年 12 月 18 日颁发的文件《机关文件材料归档范围和文书档案保管期限规定》（国家档案局令第 8 号），其中文件将档案划分为两类：永久性档案、定期性档案。一般来说，定期性档案的保管时间为 10 年或 30 年。

《机关文件材料归档范围和机关文书档案的保管期限规定》中规定了永久保管的文书档案的主要类型，具体如下。

①本机关制定的法规政策性文件材料。

②本机关召开重要会议、举办重大活动形成的主要文件材料。

③本机关职能活动中形成的重要业务文件材料。

④本机关关于重要问题的请示与上级机关的批复、批示，重要的报告、总结、综合统计报表等。

⑤本机关机构演变、人事任免等文件材料。

⑥本机关房屋买卖、土地征用，重要的合同协议、资产登记等凭证性文件材料。

⑦上级机关制发的属于本机关主管业务的重要文件材料。

⑧同级机关、下级机关关于重要业务问题的来函、请示与本机关的复函、批复等文件材料。

高校定期档案保管的类型如下：

①本机关职能活动中形成的一般性业务文件材料。

②本机关召开会议、举办活动等形成的一般性文件材料。

③机关人事管理工作形成的一般性文件材料。

④本机关一般性事务管理文件材料。

⑤本机关关于一般性问题的请示与上级机关的批复、批文，一般性工作报告、总结、统计报表等。

⑥上级机关制发的属于本机关主管业务的一般性文件材料。

⑦上级机关和同级机关制发的非本机关主管业务但要贯彻执行的文件材料。

⑧同级机关、下级机关于一般性业务问题的来函、请示与本机关的复函、批复等文件材料。

⑨下级机关报送的年度或年度以上计划、总结、统计、重要专题报告等文件材料。

（5）在划分档案保管期限的过程中需要注意的问题。

①重要的档案与一般的档案。《机关文件材料归档范围和文书档案保管期限规定》对档案资料进行了详细的规定，其中常见的是"重要的""一般的"等字眼。对于"重要的"而言，主要指的是通过比较来得出重要性，主要表现如下。

职务上——职务高的档案比职务低的档案重要、领导的档案比一般员工的档案重要。

行政级别上——行政级别高的档案比行政级别低的档案重要。

档案来源上——本校的档案要比外校的档案重要。

范围上——有针对性的档案要比普发的档案重要。

时效上——长久有效的档案要比短期的档案重要。

作用上——具有凭证性质的档案要比参考性的档案重要。

影响程度上——具有整体的历史性意义的档案要比阶段性的档案重要。

知名度上——知名度高的档案比知名度低的档案重要。

文件名称上——通知、函等较为重要。

②事务性档案与临时性档案。事务性档案指的是高校的行政后勤部门所形成的文件资料；临时性档案指的是在学校活动过程中发挥着积极的作用，

但随着活动的结束，其价值也随之消失的文件资料。有的事务性档案同时具有临时性档案的性质，如高校在开展某一项具体的活动时，所形成的签到表、报道说明、会议日程、行程规划、就餐事宜、晚会安排等都是临时性的文件资料，同时由后勤部门参与，活动结束之后，这些文件的价值也会随之消失，所以就没有保存的意义了。

（四）高校档案管理的规范化与标准化

规范化强调的是建立一套价值观念体系；标准化强调的是制定、实施统一的标准，以便于推进工作。在高校档案管理工作中要想实现规范化与标准化，需要以《中华人民共和国档案法》《高等学校档案管理办法》及相关的法律法规为依据。而规范化与标准化之间是相互关联、密不可分的，两者在不同的时期呈现出不同的形态，在同一时期可能因为工作方式的不同会有不同的呈现方式，这些也给高校的档案管理带来了一定的难度——档案管理工作需要根据形势的发展变化而做出相应的调整。所以，关于档案管理的工作的指导性文件也随着时代的变化进行了重新修订。在高校的档案管理工作中，有些正确的原则或方法是不变的，如集中统一管理、高校档案工作归于学校工作计划和规划、归档整理、保持文件材料之间的有机联系、安全保管、便于利用等方面的规范。

1.高校档案管理的规范化与标准化的依据

中华人民共和国教育部（以下简称"教育部"）在 1993 年颁布了《高等学校档案工作规范》，教育部、国家档案局于 2008 年颁布了《高等学校档案管理办法》，这两大法规文件是使高校档案管理工作朝着规范化、标准化发展的重要依据。

《高等学校档案工作规范》在编制说明中指出：

第一，为了适应高等学校档案工作的开展和管理现代化的需要，实现高校档案业务建设各个环节的标准化和规范化，提高档案干部的政治、业务素质，加强对高校档案工作的监督、指导，更好地开发利用档案信息资源，有效地为高校和社会主义建设服务，特编制本规范。

第二，本规范以辩证唯物主义和档案学基本理论为指导，以档案工作的法律、法规、规章为依据，引入系统论的观点和现代化管理的方法，把高校档案工作的历史、现状和发展前景结合起来，充分吸取我国高校档案工作数十年发展的经验教训，源于实践，高于实践，既尊重历史，又有所创新；既突出共性，又照顾个性；既统一标准，又灵活运用。

第三，本规范是一个较大的系统工程，涉及面广，融法律、法规、规章、技术标准、实施细则于一炉，把档案基础标准、业务工作组织标准、管理工作程序标准和现代化设施技术标准结合运用到规范中，使之符合高校档案工作的现实需要和长远发展。

第四，本规范是《中华人民共和国档案法》及其实施办法、普通高等学校档案管理办法的某些重要原则的具体化。上述法规属宏观、原则、概括的导向，偏重于"做什么"；规范则是根据高等学校档案工作的规律和特点，进行微观、具体、量化的落实，偏重于"怎么做"。

第五，本规范与《高等学校档案实体分类法》配套使用，互为补充。引入、采用"高等学校档案"这一综合概念，编制了偏重于业务工作组织标准的总体规范《高等学校档案部门业务建设规范》；同时，根据档案产生的领域范畴，结合档案记述的内容性质，按党群、行政、教学、科学研究、产品生产与科技开发、基本建设、仪器设备、出版、外事、财会十个一级类目设十个具体工作规范（当时尚未设学生类）。声像载体档案由于其载体和幅面尺寸不同，有特殊的形成规律、内容特点和特殊的管理要求，我们为它单独列出工作规范。

第六，本规范的体例，除总体的业务建设规范外，每个门类的工作规范均包括九个大项、四个附件。其中，九个大项包括了引言、主题内容、引用标准、档案工作的基本原则、归档范围的确定、文件材料的部门立卷和归档流程、档案的管理、档案开发利用的主要内容和方法、档案工作的各级岗位责任制。四个附件包括了归档范围和保管期限表、二级类目代号简表、案卷（装具）规格、常用表格及卡片。

此外，《高等学校档案工作规范》还规定了高校档案管理的技术问题的处理办法，主要涉及交叉问题，分类编号问题，排架问题，常用表格、卡片及卷宗"装具"问题，也是高校档案管理工作朝着规范化、标准化发展的基本依据。

（1）交叉问题。各门类档案关系密切的管理文件，除涉及全校、全局的外，归入相应门类档案保存；各门类档案中，除密不可分配套的声像材料外，其余均归入声像档案单独保存，在编号上用参见号的方式相互呼应，以方便查找利用。这样一来，行政管理类档案中，除综合性的外，教学（包括教务、研究生、成人教育）、科研、产品生产与科技开发、基建、设备、出版、外事、财会等方面管理工作的文件材料就归入了相应各类，保持各类的相对的完整、准确、系统，显得更加科学，更便于管理和查找利用。对不设分室而对部分门类档案实行二级管理问题，尚需实践，宜慎重处理。

（2）分类编号问题。分类编号一是检索分类号，一是实体分类号，前者主要供分类标引，后者主要供组织馆藏。从理论上讲，二者应该有联系，也有区别。检索（信息）分类号，国家教委组织编制的《中国档案分类法——教育档案分类表》，已做了规定。实体（排架）分类号，按国家教委组织编制的《高等学校档案实体分类法》处理。充分考虑高校档案工作的历史、现状和未来，考虑这些年来档案学理论和实践的发展，考虑到国家标准的新要求，既科学又实在，既简明又概括。归纳起来，主要是以下几层意思。

①根据各类档案的领域范畴、形成规律和内容特点，融类目体系和归档范围为一体，分别编制用于档号的二级类目代号简表。

②分类号由一级类目代号和二级类目代号组成。

③从一个学校档案部门最好用统一的档号模式的认识出发，在比较了国内通行的"文书档案"和"科技档案"的档号内涵之后，确定档号＝年度号＋分类号＋案卷号。这只是一般而言，如一个档案部门有多个全宗的，原则上还应在前后加上"全宗号"和"件号"。

（3）排架问题。在编定档号之后，一律按档号排架，而不是通常的按保管期限排架。《规范》在考虑了高等学校档案的归宿，它的成套性特点，它们彼此之间的有机联系之后，大胆地在一个卷内把文件材料划定不同的保管期限，在不影响自然形成规律的情况下按永久、长期、短期顺序排列，将来鉴定时，只需把该销毁的部分清出来即可，这样既方便插卷调整，又不缺号、不空档。

（4）常用表格、卡片及卷宗（装具）问题。我们的原则是少而精，各类档案的案卷（装具）、表格、卡片，从通用、节约、方便、易懂考虑，其规格尺寸都应既符合国家标准，又能体现高校特点。能通用者尽量通用，有特殊要求者从严控制。本规范所列的这些案卷（装具）、表格、卡片，由高校档案部门自行决定采用。

（五）档案人员的专业化培养

档案管理人员在高校档案管理工作中占有决定性的地位，是实现档案管理朝着现代化、科学化发展的重要因素。档案管理人员的思想与专业素质越高，就越能在档案管理工作中充分发挥主观能动性来开展档案创新工作。对于同样水平的高校，因为档案管理人员的不同，其档案管理的成果也会有所区别。所以现代化的档案管理需要培养专业化的档案管理人员，培养途径包括两个方面：岗位培训与专业学历教育。

1. 岗位培训

目前，我国接受专业档案教育的高校档案管理人才较少，较多的是之前从事其他专业，之后改行做了档案管理，所以还需要进一步加强档案管理人员的培训，包括管理人员的岗前培训以及根据具体情况而展开的针对性的培训。培训的内容包括基础性的业务知识以及与档案相关的法律法规。除了对专职人员培训之外，还需要对兼职人员进行培训，如立卷归档的人员多为兼职人员，对这一部分人，也要进行定期、不定期的培训，为更好地开展档案工作创造有利的条件。

2. 专业学历教育

档案专业学历教育包括高职、大专、本科、硕士、博士不同的层次。本科阶段的主修课程包括大学语文、逻辑学、古代汉语、现代汉语、外语、哲学、政治经济学、中国通史、世界史、中国革命史、中国政治制度史、中国档案事业史、世界档案史、文书学、档案管理学、档案法学、科技档案管理学、专门档案管理学、档案保护技术学、档案修复与缩微复制技术、档案文献编纂学、计算机、信息化管理与电子文件管理等。选修的课程包括秘书学、图书馆学、情报学概论、第二外语等。

高校档案管理人员一般具备多领域、多学科的知识，档案管理的骨干还应该具备本科以上的档案学或相关专业的学历背景。

第二节　高校档案管理体制

想要构建现代高校档案管理体系，需要建立健全高校档案管理体制，因为高校档案管理体制对高校人才培养、教育改革与创新、教学创新等方面具有重要的作用。

一、《高等学校档案管理办法》对高校档案管理体制的拓展

《高等学校档案管理办法》在第一章第四条中提道："国务院教育行政部门主管全国高校档案工作。省、自治区、直辖市人民政府教育行政部门主管

本行政区域内高校档案工作""国家档案行政部门和省、自治区、直辖市人民政府档案行政部门在职责范围内负责对高校档案工作的业务指导、监督、检查"。这些规定有两个层面的含义，首先高校的档案工作由国务院教育行政部门、省、自治区、直辖市人民政府部门主管；其次，高校的档案工作需要国务院教育行政部门、省、自治区、直辖市人民政府部门进行业务上的规范与指导。这些规定对高校管理体制的构建与拓展提供了依据。

（一）《高等学校档案管理办法》规定的高校校长在高校档案管理工作中的职责

高校的校长在构建高校档案管理体系中起着重要的作用，高校同其他的国家机关、团体等是一样的，需要领导人给予支持与认可，才能得到发展。《高等学校档案管理办法》在第一章第五条中提到了四点关于高等院校校长的职责。

第一，贯彻执行国家关于档案管理的法律法规和方针政策，批准学校档案工作规章制度。

第二，将档案工作纳入学校整体发展规划，促进档案信息化建设与学校其他工作同步发展。

第三，建立健全与办学规模相适应的高校档案机构，落实人员编制、档案库房、发展档案事业所需设备以及经费。

第四，研究决定高校档案工作中的重要奖惩和其他重大问题。

高校档案管理工作中，如果校长与学校的其他领导能够给予足够的重视，能具备档案意识，并且将管好档案作为日常工作的重点来打造，那么高校的档案将与学校的其他工作同步进行，也会促进档案管理的规范化与标准化。在校长起带头作用的同时，分管档案工作的校领导要协助校长完成档案管理工作，在校长的统一管理下使档案管理工作顺利开展。

（二）高校档案机构的设置以及人员的配置

《高等学校档案管理办法》中规定，高校档案机构包括档案馆和综合档案室。具备下列条件的需要设立档案馆：

①建校历史在 50 年以上。

②全日制在校生规模在 1 万人以上。

③已集中保管的档案、资料在 3 万卷（长度 300 延长米）以上。

未设立档案管的高等学校应当设立综合档案室，推进档案的管理工作。

高校的档案馆应该设置一名馆长，根据具体情况可以设置一到两名副馆长；综合档案室需要设置一名主任，根据具体情况设置一到两名副主任。

二、高校档案管理体制的发展现状

随着国家法律法规对高校档案管理体制的约束，高校逐渐建立起了专门负责档案管理工作的档案馆、档案室等档案管理机构，以及依托高校管理信息建立起的高校档案管理体制。这些机构及管理体制具有以下特点。

（1）高校目前已经形成了高校档案馆或档案室等专门管理档案的独立单位，而且机构设置为副处级及以上，级别较高。有的学校选择成立专门的档案室，从属于学校办公室。

（2）在档案管理的内容上，逐渐形成了高校档案信息的管理体系，主要包括文书档案、学生档案、人事档案、科技档案以及校史校志档案等类型。

（3）档案管理人员呈现出越来越专业的发展趋势，高校引进专业人才从事档案管理工作，还通过定期的档案管理培训来提高档案管理人员的业务能力。

（4）在管理手段上，利用现代互联网的优势，建立起档案信息管理平台，逐步向信息化的方向发展。

高校档案管理体制的不断完善，使档案管理水平迈上了一个新的台阶，提升了档案信息的整合能力，促进了档案管理的信息化与智能化。

三、高校档案管理体制的发展思路及发展取向

目前，有的高校的档案管理在积极地向着信息化、智能化的方向发展，但有的高校仍然采用的是传统的档案管理办法，已经影响到高校档案的建设，所以要在管理体制上有所创新，不断提高高校档案管理水平。管理体制的改革需要引进现代档案管理人才，加强档案管理培训，优化薪资待遇，从根本上激发档案管理人员的工作积极性。

首先，档案管理体制的改革要以创新为驱动。当今是以高科技、高效率为引领的快速发展的时代，社会的各个领域都掀起了发展与改革的热潮，档案管理也需要注入新鲜的血液来推动其体制的构建。高校档案管理体制是档案管理实现良性发展的基础，只有好的档案管理体制才能促进档案工作的顺利开展。创新并不是横空出世的，而是针对档案管理的实际情况来进行的，可以通过内容创新、机制创新、管理创新等方面来实现各环节的有效衔接。特别是对在日常的工作中出现的问题，要敢于倒逼档案管理机制，真正实现档案管理的创新，同时要在奖励机制、人才引进方面做出努力，以此来提高

管理人员的工作热情，以及档案管理的效率与服务能力。

其次，档案管理的理念需要不断地更新以适应不断变化的档案管理工作，从而进一步推动档案管理机制的建设。高校档案管理机制落后的一个重要原因是管理决策层不够重视，虽然法律法规上有明确的规定，校长要积极构建学校档案管理体制，但观念上仍然比较传统，因此无法与现代互联网、信息技术产生很好的联动作用。要建设现代化的档案管理体系，就需要有一流的档案管理理念的支撑，并不断提高本校的档案管理能力。

四、高校档案管理体制的现代构建

构建高校档案管理体制可以从组织机制与人才体系两个方面着手。

（一）不断完善档案管理的组织机制

高校需要结合当前档案管理工作的实际情况，不断完善档案管理的组织机制，同时按照档案管理的相关要求，在组织上实施统一的管理，将人事档案、学生档案、相关的实物资料都归到高校档案管理的范围内。高校校长应对档案管理工作给予足够的重视，积极指导档案管理工作，通过构建档案领导体制，加强对档案管理组织机制的完善。

（二）积极构建档案管理人才体系

档案管理工作是高校日常工作的重要组成部分，管理工作的核心是档案管理工作过程中具体实施的人员。因此，如何培养档案管理人才就成为档案管理工作的重点构建领域。学校应当引进现代化的档案管理人才作为档案管理的新鲜血液，来完善档案管理工作。对于现有的档案管理人员，应该定期进行培训，提高其解决问题的能力，不断提高其业务水平。另外，高校档案管理工作的相关规定，目前还存在问题与不足，需要按照实际情况展开调整，摒弃已经落后于现代档案管理理念的观念，实现档案管理工作的现代化构建。

五、高校档案管理体制全面发展趋势研究

《中共中央关于深化党和国家机构改革的决定》在提到高校档案管理体制改革的方向时，强调要按照事业单位改革的整体要求来开展。在档案管理体制的推进中要充分发挥高校领导的带头作用，在人员的设置上要参照事业单位人员的配置，引进现代高校档案管理体系，通过现代档案管理理念的形

成，积极推进"大档案"的高校管理体系的构建。

（一）积极推进高校"大档案"管理体系的构建

前国际档案理事会主席瓦洛先生曾经说过："档案事业正处于一个完全被重新塑造和重新接受的时代。"我们处在这一大变革的时代，需要借助有利资源发展档案管理事业。而发展"大档案"就是构建高校档案管理体系的方法之一。在大经济、大科技、大文化的发展前提下，档案管理工作开始由被动管理发展为积极利用，从封闭性管理逐渐转向开放性管理，实现了与社会同频发展。要积极构建适合高校"大档案"发展的领导体制、管理体制，同时通过专门建立工作委员会，来领导档案管理的各项工作，实现档案管理工作的创新发展。

（二）运用现代互联网技术来实现档案管理平台的构建

高校的档案馆或档案室通过建立"大档案数据"将高校的档案资源进行整合与优化，指导全校的档案管理工作。在实际的档案管理中，需要不断地将分散在各个类别的档案收集起来，建立档案管理平台，使档案资源以电子档案的形式存在。管理人员可以依靠互联网的优势来完成所有档案资源的整合，从而实现高校档案的科学归档。所以，在需要某个档案时，只要在档案管理平台系统上输入关键词，就可以查询到相关的档案资源，大大提高了搜索效率。

（三）深化档案管理人事制度改革，建立专业档案人才团队

高校应依据《高校档案管理办法》，对档案类别实行分类整合，明确权责，分类设岗，坚持聘用档案专业人才，加强岗位培训，提升档案管理水平。

随着《中共中央关于深化党和国家机构改革的决定》的出台，高校档案管理体制改革要按照事业单位改革的整体要求进一步全面推进。一方面，改革高校档案管理机制，全面统筹管理学校的全部历史记忆——学校档案；另一方面，全面实现档案资源的社会化服务利用，更好地发挥档案的文化传承和历史证明作用。

总之，当前国家非常注重档案工作，高校档案管理作为国家档案工作的重要组成部分，应该按照国家档案工作的要求，进一步提升高校档案的管理水平，对高校档案管理体制机制进行创新，从高校实际出发，进一步提升高

校档案服务能力和服务水平，推动高校档案工作不断向前发展。

第三节　高校档案的法制管理

高校档案在学校的各项工作中具有重要的意义，因此加强对档案的规范管理很有必要。目前即使国家及相关部门已经颁布了关于档案管理的相关法规，但由于学校领导人对档案管理的认识不同，导致档案管理上存在着较大的差异。所以，建立、健全高校档案执法机制，加强高校档案的法制建设十分重要，同时高校档案的法制管理是实现高校档案规范化的具体措施。

一、档案法制建设梳理

档案法制最早形成于 1794 年的法国，"世界上最早的一部具有近代意义的档案法是 1794 年 6 月 25 日诞生在法国的法兰西共和历二年的《稿月七日档案法令》，最早的一部具有现代意义的档案法是 1918 年由列宁签署的俄罗斯苏维埃联邦社会主义共和国《关于改革和集中统一管理档案工作的法令》。这两部档案法先后拉开了资本主义国家和社会主义国家'依法治档'的序幕，在世界范围内产生了极为深远的影响"[①]。而我国的档案法制建设起步较晚，虽然我国的档案在商周时期已经建立了档案管理的雏形，也制定出各种档案管理的规定，但一直到 20 世纪 80 年代还没有形成一部较完备的档案法律。1987 年 9 月 5 日，第六届全国人民代表大会常务委员会第二十二次会议通过了的《中华人民共和国档案法》，这是我国档案史上第一部较为完善的档案法，使档案管理进入了依法治档的阶段，具有划时代的意义。1996 年 7 月 5 日，第八届全国人民代表大会常务委员会第二十次会议通过了《关于修改〈中华人民共和国档案法〉的决定》，对《中华人民共和国档案法》进行了第一次修正。2016 年 11 月 7 日，第十二届全国人民代表大会常务委员会第二十四次会议通过了《关于修改〈中华人民共和国对外贸易法〉等十二部法律的决定》，对《中华人民共和国档案法》进行了第二次修正。2020 年 6 月 20 日，第十三届全国人民代表大会常务委员会第十九次会议修订通过了《中华人民共和国档案法》，自 2021 年 1 月 1 日起施行。

目前，我国的档案法律法规体系的构建已经初步完善，表现为国家颁布

---

① 　杨利华. 档案法学 [M]. 北京：中国档案出版社，1999:3.

和制定了一些法律法规，主要有《中华人民共和国档案法》《关于加强国家档案工作的决定》《科学技术档案工作条例》《国家行政机关公文处理办法》《机关档案工作条例》《中华人民共和国档案法实施办法》《档案馆工作通则》《机关文件材料归档范围和文书档案保管期限规定》《电子公文归档管理暂行办法》《电子文件归档与管理规范》《基本建设项目档案资料管理暂行规定》《会计档案管理办法》《科学技术研究档案管理暂行规定》《高等学校教学文件材料归档范围》《高等学校档案管理办法》。

除上述法律法规之外，还有国家行政主管部门和各省、自治区、直辖市地方人民政府发布的档案法规文件等。档案法律法规体系的构建，基本上实现了档案管理的规范化，使日常的档案管理工作有法可依，当然目前我国的档案管理还存在很多问题，还需要在法律法规上进一步完善。

二、高校档案法制建设对高校管理建设的关系及建设重点

高校在开展管理工作的过程中所形成的文件材料是其第一手资料，根据规范管理的需求，要做到原始性、完整性，因此需要对这些文件资料立卷归档。高校档案法制建设对高校管理建设的意义在于，高校档案越是规范化，就越能反映管理过程的真实性，从而为高校进行高质量的管理产生积极的影响。当高校面临重大的决策时也能将其作为参考加以借鉴，积极推动高校的综合实力的提升与发展。高校档案的法制建设可以为师生、学校、社会提供详细、周到的档案服务，促进学生各项信息的全面展示，使高校管理建设充满人文关怀。

在推进高校档案法制的过程中，首先，需要积极普及档案的法治意识。档案法治意识的形成不仅仅是在管理档案的部门中开展，更要在广大教职工及学生之间开展，人们只有具备了法律意识之后，才能正视档案的重要性。其次，对于档案管理的执行者来说，要严格遵守各项档案的法律法规，将高校的档案管理纳入法律法规的监督之中，逐步推进依法治档。最后，档案法制建设离不开档案工作队伍的建设，高校法制化的不断推进，要求档案管理人员具备较高的业务素质和法律素养。高校档案的法制建设要根据学校的具体情况来制定相应的策略，档案管理的人才也要具备与时俱进的理念，掌握现代信息技术，推动档案视野的信息化构建。

三、高校档案法制举措

（一）依法治档与依法治校的共同推进

在构建新时期高校档案法制的过程中，要使依法治档与依法治校相融合。首先，要树立依法治档的意识，以宣传栏的形式来宣传《中华人民共和国档案法》以及学校实施依法建档的成果，在全校范围内提高广大师生的档案法制意识，从而为依法治档提供广泛的群众基础。其次，要充分利用校园网让全校广大师生了解学校档案管理的动态，也可以通过校园平台来提出建议，进一步优化高校档案管理工作。最后，可以订阅一些关于高校档案的期刊，引进档案工作法制化的绩效考核，实现与外围档案管理水平同步，强化档案的法治建设。

依法治档要纳入依法治校的体系构建之中，高校的档案管理部门应该从法治建设的需求出发，积极构建高校档案管理体系，积极关注依法治校的动态，主动配合高校的依法治校建设、推进依法治校的进程，最终实现依法治档与依法治校的有机结合。

（二）推进高校档案制度化发展

高校档案制度是指在国家规定的法律法规的基础上，根据学校的具体情况所构建的适合本校情况的规章制度。关于高校档案的制度主要有《档案库房管理制度》《档案借阅利用制度》《档案人员岗位责任制》等。此外，一些学校如辽宁大学还制定了《档案借阅制度》《兼职档案人员岗位职责》等，这些制度对进一步推动高校档案制度化有积极的作用。

另外，高校档案的制度化还应该在高校的二级学院积极推进，进一步确定二级学院档案管理的规范，可以公文的形式通过电子邮箱发送到二级学院，来指导二级学院的档案管理工作。

（三）构建良好的档案执法环境

档案管理的环境对档案管理工作有着重要的影响，要想建立档案执法环境就要加强档案队伍的建设，档案工作对从事档案管理人员的素质要求越来越高，需要构建一支高素质的、专业的人才队伍，来实现档案管理日常工作的正向发展。另外，档案管理环境的构建主要体现在具体的管理工作中，要加强与各部门之间的联系，对各部门的日常工作有大致地了解。从大的层面说，高校档案应该加强与地方行政部门、教育主管部门之间的联系，接受这些部门的监督，将档案管理活动纳入国家的监督体系之中，保障档案管理的顺利开展。

（四）落实档案管理的执法机制

建立良好的执法机制需要建立档案执法机构，档案执法机构是落实依法治档的重要条件。之后是建立有效的执法举措，这些举措的设立可以参照《中华人民共和国档案法》的相关规定，实行档案管理的奖励与惩罚机制，将档案管理的责任细化到个人，在开展工作的过程中将日常工作纳入考核体系进行考核。

《高等学校档案管理办法》中规定做出以下贡献的单位或个人，给予表彰与奖励：

（1）在档案的收集、整理、提供利用工作中做出显著成绩的。

（2）在档案的保护和现代化管理工作中做出显著成绩的。

（3）在档案学研究及档案史料研究工作中做出重要贡献的。

（4）将重要的或者珍贵的档案捐赠给高校档案机构的。

（5）同违反档案法律法规的行为作斗争，表现突出的。

按照《高等学校档案管理办法》的规定，有以下行为之一的，应当对直接负责的主管人员和其他直接负责人给予处分；构成犯罪的，由司法机关依法追究其刑事责任。

（1）玩忽职守，造成档案损坏、丢失或者擅自销毁档案的。

（2）违反保密规定，擅自提供、抄录、公布档案的。

（3）涂改、伪造档案的。

（4）擅自出卖、赠送、交换档案的。

（5）不按规定归档，拒绝归档或者将档案据为己有的。

（6）其他违反档案法律法规的行为。

此外，还要不断加强执行力度，及时批评、教育违反档案管理法律法规的部门、个人，对于情节严重的，还要及时报案，依法打击违法行为。

第二章　高校干部人事档案管理及现状

第一节　高校人事档案管理的概念

高校人事档案在高校档案管理中占据着重要的地位，与其他单位的人事档案管理相比，具有独特性。在高校人事档案管理的过程中要对其特点及应该遵守的基本原则进行把握，以促进高校干部人事档案管理工作的正常、有序开展。

一、高校人事档案的内涵

（一）高校人事档案的概念及类型

高校人事档案指的是"高校的各级组织部门、人事部门、教务部门科研部门等形成的，关于高校各类人员德、能、勤、绩和学生学习生活方面的记录"[①]。高校的人员主要由行政管理人员、教师、学生、科研人员、后勤部门等组成，由此形成了不同类型的人事档案——行政管理人员的档案、教师人事档案、科研人员人事档案、职工人事档案等。

在这些人事档案中，行政管理人员、职工人事档案通常按照党政机关的干部人事档案进行管理；教师与科研人员的人事档案要参照干部人事档案的方式进行管理，在管理过程中更加注重对教学、科研、职称评定等方面的资料的收集、整理、归档。而学生档案已经形成了专门的人事档案进行管理。

（二）高校人事档案的特征

高校人事档案的特征主要表现在四个方面。

[①]　朱玉媛，周耀林.人事档案管理原理与方法 [M].武汉：武汉大学出版社，2011.:321

1. 高校人事档案的类型呈现对多样性特点，内容较为复杂

高校人事档案的类型较多，有行政管理人员的档案、教师人事档案、科研人员人事档案、职工人事档案等不同类别的人事档案，下面以教师人事档案为例进行说明。人事档案的复杂性表现在以下方面。

首先，教师人事档案呈现出高学历的特点。高校的任务是为社会输送合格的人才，为社会主义建设注入强大的人才力量。特别是随着我国高校规模的扩大，对教师的学历要求也越来越高，在招聘教师的时候，更倾向录用博士、博士后、具有高级职称的人员，行政岗位人员也开始向硕士靠拢，这样的情况也提高了教职工的学历，从而大大提升了学校的师资水平。高校在进行职称评定的时候也会对学历有要求，这也在客观上促进了教职工学历的提升。

其次，高校的人事档案可以反映出教职工学历层次的不同。高校的师资力量同企业单位相比，具有明显的学历优势，但由于高校的档案类型呈现多样性的特点，高校的学历层次也具有不同的特点。一般来说，高校的学历及文化层次具有较大的区别，从小学、初中、高中、本科、研究生、博士、博士后、双学历、有学历无学位、有学位无学历等都有，基本上涵盖了所有的学历类型。

再次，高校人事档案中的学习经历占有较大的比例。高校的人事档案呈现出高学历性，所以档案的学习经历占据了很大的比例，很多人有将近二十年的时间是在学校度过的。现代高校强调与时俱进，因此高校的教师一般都具有终身学习的意识，从教之后可能还会接受在职教育，或者进修深造等，受教育的时间跨度很大，所以学习材料成为人事档案的重要组成部分。

最后，高校的教职工的专业差异性较大、专业覆盖面较广。一般高校会设置不同的专业，包括目前社会上较热门的专业和冷门专业，涵盖着文、理、工、农、医，专业设置齐全，所以高校的人事档案会因专业的不同，呈现出不同的特点。

此外，高校的人事档案还涉及一些国外教育培训的文件资料。高校中有一部分教师有海外求学的经历，但海外的资料的收集难度较大。通常具有海外留学经历的教师，其学籍资料中要包含在国外学校的成绩、学历、学位，还包括我国教育部学历认证中心出具的海外学历证明。海外的一些国家与我国的学历学位管理不同，如有的国家可能毕业时只有学历证书；有的档案资料全是外文，没有中文说明；等等，完全不同于国内的档案管理。随着经济

全球化进程的不断加快，越来越多的高校教师走出国门，与国外的同行交流经验、心得，所以人事档案中会出现更多的有国外经历的资料，使高校人事档案的学历资料越来越多样化，内容上也更加丰富，当然其管理的难度也在逐年增大。

2. 学生档案在高校档案中占据较大的比例

学生档案管理的多样性与复杂性，主要表现在以下三个层面上。

按照学习程度进行划分：根据学生的学习阶段的不同，可以将高校的学生档案分为大专生档案、本科生档案、硕士生档案、博士生档案。在实际的档案管理中，鉴于高校档案各学习阶段的相似性，所以在划分上不需要细化。

按照大学学习过程进行划分：学生从进校到毕业，在校期间，其档案发生了变化，按照学习的过程可以分为考生档案、在校生档案、毕业生档案。考生档案是学生进入高校前，在升学过程中所形成的档案；在校生档案指的是已经入校学习，在学习过程中所形成的档案，包括学生的期末各科成绩以及平时的表现等，这是档案中的重要组成部分。毕业生档案是毕业时所取得的学历、学位等形成的档案。

按照学生的档案载体进行划分：主要分为纸质档案、电子档案、音响档案等，近几年随着互联网的不断发展，在学校进行全国统一考试时，通常采取的是电脑阅卷的形式，录取的时候采取的是网上公布的形式，进一步推动了学生的档案朝着信息化与数字化的方向发展。

3. 高校人事档案的动态性较强

学生档案具有周期性，周期一般为 3～4 年，所以高校的人事档案的动态性较强。另外，高校教职工的档案也处在不断变动之中。

（1）高校人事档案的动态性表现在档案资料的不断增加上。高校每年会生成大量的文件资料，将有价值的部分归到个人的人事档案中，常见的档案资料包括年度的考核表、职称材料、工资变化材料等。年度考核表是在校职工一年之内的各项工作的综合评定，包括思想、表现、行为上的综合评价，对教职工的评优有着重要的作用，成为教师评优的重要参考标准，在档案管理中，档案管理者要善于收集这些重要的资料。一般来说，高校每五年会有一次支撑晋升的机会，这关系到教职工的切身利益，这些资料是对教师教学能力以及工作能力的有效证明。职称资料也是补充个人档案的重要内容，评聘或转评的材料需要及时转入档案保存。教师职称发生变动的材料都应该在人事档案中有所体现，以此来保证当事人职称变化的完整性。此外，职工工资的变化也需要体现在档案中，工资档案的重要性主要表现在离退休上。工资的变动表要及时更新，装入个人的档案之中。所以，人事档案处在一个动态的过程中。

（2）高校人事档案的动态性表现在高校人员的流动性较快上。高校人事制度的改革以及人才环境的不断优化，也使高校处在一个频繁流动的状态。近几年来，高校的规模不断扩大，大量引进人才，高校的人才处在一个空前活跃的时期，有地方院校流向重点院校，从西部地区高校流向东部地区高校，还有如辞职、留学、深造等情况，人事档案在不断变化着，其动态性特征非常明显。

（3）高校人事档案的动态性表现在高校人事代理制度的实行上。人事代理制度是一种新型的人事管理制度，目前很多高校都在实施，人事代理制度改变了原来的管人与管档相统一的模式，变单位人为社会人，学校用人与学校编制出现脱钩的现象，在人员的进出上呈现出巨大的灵活性。单位用人，而将人事管理的工作交给代理机构，实现了人事档案与人员使用的分离。人事代理制度摆脱了以往人事档案为核心的对单位的依附，单位在用人上有了更大的自主权，应聘者也有了较大的择业自主权。教师进入高校之后，其人事关系由第三方代理机构负责管理。目前，高校的人事代理制度还处于较浅层次，一些核心的内容，如专业技术职务的考核、晋升、工资的调整等都是由高校来主导的，而相应产生的人事档案资料还会暂时保存在学校的档案中。

4. 高校的人事档案的使用价值较高

高校人事档案的使用价值主要表现在高校教师整体的学历水平较高，具有专业的知识系统，而且多是站在学术研究的前沿，具有极高的专业水平。尤其现代高校的教师通常也是社会的专家库与智囊团，能源源不断地输出建设性的意见，指导现实的实践活动。现代社会中的社会效益有很大一部分来自高校科研成果的转化，高校教师除了教学之外，还积极参与到社会企业的技术创新中，生活中一些具有科技感、创新性的技术，多来源于高校的科研机构，所以高校教师所带来的社会效益是巨大的。企业在技术上出现问题时也较多地依靠高校的教师进行攻关，教师所研究出来的成果直接用在解决企业实际问题上，使科研成果直接转化为社会生产力，所以高校的人事档案中记载着大量的科技信息。

除了科技信息之外，高校人事档案还记录着高校教师的日常真实表现，那些思想觉悟高、品行优良的教师，是学科带头人的首选，而这些需要高校的人事档案来证明。

5.高校人事档案利用率较高

高校教师面临着职称的评定，需要频繁地使用人事档案，且每个人的晋升资料也是以人事档案作为参考的。教师的职称评审表及近五年的考核表的内容需要以人事档案为依据。高校的教师数量较大，每位教师要用到近百次的档案资料，所以高校人事档案的利用率较高。

高校人事档案的利用范围很广，高校教师在进修、提升学历的过程中，都会用到人事档案，如以往教育的毕业生登记表以及成绩等。

（三）高校人事档案的作用

高校人事档案是人才信息的重要载体，是对教师的个人生活与工作情况的原始记录，具有准确性、真实性的特点。其在高校档案中的作用主要表现在以下几个方面。

1.人事档案可以作为高校教师整体表现的有效凭证

高校的人事档案不仅具有法律效力，还具有现实的功用。人事档案是对个人的各个阶段的真实记录。从内容上看，人事档案由组织定期布置填写的履历表、年度考核表、鉴定表、学历、职称、政审、党（团）材料、奖罚、工资待遇、任免等各种材料组成，是教师各个阶段的整体表现的有效凭证。

高校的人事档案是高校进行人事管理的重要依据，人事档案可以作为高校用人的最直接的凭证，教师的人事录用、罢免、调动、选拔等都需要参考人事相关的资料。在考察教师的情况时，通过翻阅教师的人事资料，就能将各个阶段的履历清楚地呈现出来，迅速掌握教师的基本情况。所以，高校的人事管理需要依托人事档案，人事档案是其进行人事管理的前提条件。

2.人事档案有助于开发人才资源，促进人尽其才

当今时代，人才资源对科技的进步、社会的发展起着积极的推动作用，人才资源也成为技术进步和国力提升的重要力量。高校人事档案被视为人才信息的缩影，在开发人才资源方面具有积极的作用。高校教师不仅具备专业

上的知识与能力，还兼具其他方面的能力，如组织能力、创新能力、管理能力等，因此在档案管理的过程中，可以挖掘各项能力，促进人才资源与高校、社会资源的整合，实现人尽其才。高校人事管理可以有效整合系统之间、单位之间、院系之间的资源，促进人才的合理流动，实现人才资源的合理利用。

高校的人事档案为顺利开展高校人事管理工作奠定了基础。高校的人事档案对高校人事管理工作的顺利进行、高校人事管理的相关规章和制度的改革及完善、人员岗位的调动等方面起着促进作用。通过引进与时代发展同频率的信息化与智能化管理，可以给高校提供合理的、人性化的人员管理方案，进一步推进高校的各项改革与发展，推动高校的综合素质迈向一个新的台阶。因此，不断完善人事档案的管理工作、有效提高档案的利用率、真正发挥出人事档案在高校的应用价值，是高校管理以及档案管理工作的重中之重。

3.高校人事档案是选拔、培养人才的重要依据

一方面，高校的人事档案是在个人的实践中逐渐形成的，是各个阶段的客观的、真实的反映，如果缺乏了社会档案，会很难得到社会的认可。另一方面，学校的人事部门通常会依据现有的人事档案信息对教师的思想道德、业务能力、教学水平、科研能力、工资水平等情况进行全面的考量，所以说认识档案是教师职称评定以及提拔的重要依据。现阶段的高校干部的培养逐渐朝着年轻化、专业化、知识化的方向发展，干部的评定很大程度上依赖档案信息，所以人事档案在保障人才发展以及加强干部梯队建设方面具有积极的作用。

（四）高校人事档案的意义

高校人事档案管理是高校人事管理工作一部分，也是高校干部以及高校人才管理的基础性工作。只有将每一段保存完整的信息资料串联起来，才能客观、真实、全面地反映教师的综合能力与思想表现。而高校档案只有具备真实性，才能使高校的人事档案发挥积极的作用。高校人事档案的意义表现在以下方面。

（1）高校人事档案工作是选拔及任用干部的重要基础。党的十九大指出要"不忘初心，牢记使命，高举中国特色社会主义伟大旗帜，决胜全面建成小康社会，夺取新时代中国特色社会主义伟大胜利，为实现中华民族伟大复

兴的中国梦不懈奋斗。"完成这些任务的前提是要加强干部队伍的建设，不断将有真才实学的人纳入干部队伍建设中来，使这些干部成为建设社会主义的中坚力量。同样，高校要实现进一步提升，也要加强干部队伍建设，着力打造一支年轻化、专业化、技术化的干部队伍，带领全校师生，与时俱进、克服各种困难与挑战，走在高校发展的前沿。对于人事档案部门来说，可根据档案所提供的信息，发掘各专业的人才，为管理者提供全面的、有价值的信息，推进学校干部队伍的建设。

（2）高校人事管理工作的重要依据是高校的人事档案工作。人事管理涵盖了工资、考勤、考核等多个方面，而人事档案记录了高校职工的各个阶段的个人信息及相关情况。可以说，人事档案为人事管理提供了重要的参考资料，是人事管理的重要依据。在人事管理的过程中，人事档案已经成为高校教师晋升、考核、述职的重要依据。一方面，由于高校教师的人数众多，职称越来越重视，且职称评定的标准越来越规范化。要真正做到公正、公平就需要参考人事档案，这样人事管理部门才能依据材料进行评审与给出建议。另一方面，在查看人事档案的过程中，还需要结合高校以及不同专业的具体情况，建立现代化的考核制度，制定出可行性较高的考核标准、监督措施。

二、高校人事档案管理的基本原则

高校人事档案管理是保证人事工作顺利开展的前提条件，同时直接影响着高校及教职工的工作质量及工作效率。新时期，高校人事档案管理进入了一个新的阶段，高校要充分认识到现阶段的问题，扬长避短，从基础性建设抓起，使高校的具体环境与档案管理密切结合，这对促进高校各项工作的顺利开展以及社会经济的发展具有积极的作用。高校人事档案管理工作的开展要遵循以下基本原则。

1. 宣传与管理相结合

高校从事档案管理工作的人员应该在学校范围内宣传、普及档案政策知识，通过不同渠道、不同方式组织人事档案管理服务知识宣传，介绍档案材料内容、形成过程及主要功能，提高高校及档案管理者对档案重要性的认识，强化档案材料的收集意识，营造良好的工作氛围。引导广大教职工积极参与学校的人事政策调整、人才选拔、工资晋级、职务晋升等工作，以优质的服务获得人们的认可，促使更多的人了解人事档案工作及其在高校工作、社会生活中的重要作用。同时，高校要以《中华人民共和国档案法》为依据，来完善档案管理的各项规章制度，制定出符合本校实际情况的档案管理细则，规定档案管理部门的工作内容以及职责范围，强化其行政管理的职能，切实提高档案管理的有效性。

档案管理工作能否顺利开展，还要看其是否有一个强大的组织给予保障，因此要建立一个以主管校领导牵头、档案馆负责、各职能部门具体实施的网络式责任体系，提高监管、反馈的整体意识，努力使人事档案工作走上规范化发展的道路，确保人事档案材料的科学性和完整性，创建管理与服务之间的和谐氛围，使人事档案在被社会认可的同时，也被人们所关注和重视。

2. 实用与真实相结合

一方面，要根据高校特点，以新的人才标准来更新档案内容，通过补充内容，更全面、更直观地反映个人的综合素质，通过全面、科学、完整地收集材料，提高人事档案的全面性、客观性，增强实用性。人事资料的收集工作应遵循如下原则：一是注重档案材料的多样性。人事档案部门应主动与各档案材料形成部门沟通联系，及时将反映档案当事人业务水平、工作实绩、学习进修以及在从事岗位工作过程中形成的聘约、合同等最新材料纳入档案管理，并从大量的人事档案材料中去粗取精、去伪存真，从源头上确保人事档案内容的完整性与真实性；二是注重"活信息"的收集。及时收集电子文本、数据库及相关程序、多媒体资料、各类网页、图形、图片等材料，并动态跟踪人事档案材料收集情况；三是注重特色档案材料的收集；四是探索通过现代化手段建立人才业绩跟踪系统，将最新的业绩信息不断充实到人事档案信息管理系统中。另一方面，真实性是干部人事档案的生命，档案材料的内容必须准确可靠；只有实事求是地反映一个人的情况，档案才能成为提拔干部、录用人才、调资、专业技术职务晋升、离退休、出国政审等人事工作的重要依据。因此，要严把"三关"即材料审查关、材料转入关和档案转递关，避免失真信息入档，增强真实性。

3. 积极利用技术手段

人事档案的重要性主要表现在档案能清楚地反映当事人在特定时间段的个人经历、思想考察以及德才表现等，优化人事档案管理，可以促进高校人力资源的合理配置，不断发挥人事档案的利用价值。就目前的人事档案管理来看，首先需要构建高校的人才数据库，积极创造条件进一步拓展人才信息报道、信息咨询、信息调研分析等深层次服务。其次，要处理好档案管理的保密与利用之间的关系。在人事档案信息安全的基础上，可以组建不同的人才信息库，这些信息库能反映出高校各专业的人才特点及优势，最终实现高校在人事管理上的人才效力的最大化发挥。最后，还可以利用的技术手段建立高校人事档案信息管理系统，实现个人基本信息的联网查询，学校等用人单位在招聘时，也可以根据具体的招聘条件来实现有针对性的人才选拔。

传统的干部人事档案管理主要是以人工的方式实现的，其管理效率及利用率都较低，所以要提高人事档案管理的效率，应大力构建电子档案，不断完成人事档案管理的信息化构建。现代电子技术的发展，计算机、扫描仪等都有助于人事档案资料的录入，可以通过相应的技术处理，实现文本或数据的电子化，最终使纸质人事档案与电子人事档案共存。就目前高校的档案管理发展程度来看，虽然高校人事档案的电子信息系统构建还不够完善，但目前已经应用了一些基本的计算机处理技术，可以进行自动检索、加工处理、及时更新及提取利用，这大大提高了档案管理的效率。目前，许多高校都建立了人事档案信息网，在网上公布了部分不涉及隐私的信息，可以方便用人单位进行查找。高校的各部门之间也形成了联动作用，建立了网络连接，可以实现局域网内资源的共享，扩大了人事档案利用的范围与程度。当然，利用现代技术手段进行的人事档案的管理与再利用要在确保安全的前提下，确实使用权与管理权。

4. 积极打造专业化的档案管理队伍

人才队伍建设是高校人事档案工作发展的关键。因此，实施人本管理，在保证人事档案部门有一定专业人才的基础上，进行合理的人力资源规划与配置，是高校人事档案管理发展的必然要求。建设一支高素质的档案管理人员队伍始终是高校人事档案管理工作的重点。随着近几年高校的快速发展，高校人事档案管理的状况发生了较大的变化，加之人事档案管理的信息化建设，使原有的管理队伍面临着如何在新的形势下适应新情况、解决新问题的挑战，这就要求高校的管理人员要与时俱进，不断提高自己各方面的素质。一是实现人力资源的合理配置。在加强人事档案队伍建设方面，要确保档案管理工作人员的数量，并且要使工作人员将主要精力放在人事档案工作上。二是实现人力资源人性化管理。学校领导应加强对人事档案工作人员的人文关怀，在日常管理中注入人情化手段，尊重他们的价值，倾听他们的需求，提高他们的待遇，以人为本，营造档案部门的人文氛围。

第二节　高校干部人事档案的管理

高校干部人事档案是主要针对高校干部的个人经历与相关资料的记录与整理，干部无论在高校还是在整个社会范围内都充当着重要角色，所以要特别注意他们的人事档案管理。了解高校干部人事档案管理的相关定义、特征、作用以及相关的工作流程，可以促进高校干部人事档案管理的顺利开展。

一、高校干部人事档案的定义

高校干部人事档案指的是高校组织部门、人事部门、劳动部门等按照党的干部人事规定、人事管理制度，在选拔、培养、用人等过程中所形成的，对高校干部的各方面详细记录的材料，包括干部的政治思想水平、品德作风问题、科研水平、业务能力、工作业绩等方面的内容。高校干部人事资料是对干部在高校期间客观的、历史的、全面的反映。高校干部人事资料与其他的人事资料相比，具有特殊性，在高校的人事档案中占有主体地位。

二、高校干部人事档案的特征

高校干部人事档案既具有一般档案的共性，也具有干部人事档案的特性。高校干部人事档案对干部人事工作负责，是高校干部落实政策、提高待遇、总结教训的重要参考，具有以下几个方面的特征。

（一）全面性

高校干部人事档案的内容所反映的是高校干部在不同时期的表现，将不同时期的材料联合起来就是干部的整体情况。传统的干部人事档案在内容、结构上呈现出单一性的特点，其涵盖了基本经历、政治历史的结论、家庭情况、社会关系等方面。

（二）现实性

高校人事档案是历史性与现实性的统一，历史性表现在档案是对干部各个阶段的经历的总结，所涉及的是在不同岗位上的工作、生产、能力方面的经历。现实性表现为人事档案管理需要及时收集当下的资料，归入档案之中，这些新的资料随着时间的推移，会逐渐成为历史资料。高校在考察干部的基本情况时，常常会借助干部的人事档案。

（三）真实性

干部人事档案真实记录了干部各个阶段的真实经历、重大事项、具体成果等，具有真实性的特点。真实性是档案的生命，是干部人事档案能否发挥实际的功用的基础与前提。真实性要求凡是来源不明、内容模糊、是非不清的资料，统统不能纳入档案中来，即使已经归档，也要从档案中剔除。实现档案的真实性要做到四个必须：归档材料必须经过组织的审查和认可；归档材料必须符合有关政策规定的要求；归档材料必须经过认真鉴别；归档材料手续必须完备。符合以上原则的档案，才能归档，成为干部的基本情况的真实记录。

（四）动态性

干部人事档案的一个突出的特点是动态性，主要表现在档案随着时间的推移而不断更新与发展。干部人事档案的动态性还表现在有些资料需要及时地处理，为了保证干部人事档案的准确性必须将那些已经失去价值的或是不够准确的材料清理出来。

干部人事档案的动态性具有以下几大特征：首先，干部人事档案的当事人处在一个不断发展、变化的环境之中，其工作的岗位、内容、职务、职称等都是一个动态的过程，因而决定了干部人事档案要随着当事人的变化而及时更新，保证其准确性与及时性。其次，干部人事档案处于不断的流动之中，通常情况下，遵循"档随人走""人档统一"的原则，即当事人调到何处，档案跟随当事人调转。如果出现转递不及时的情况，可能会造成"人档分离"的局面，更严重的会造成有档案无当事人或是有当事人无档案的情况，影响单位对干部的了解、培养与任用。

（五）机密性

干部人事档案具有机密性，不应该对外公开。中共中央组织部、国家档案局在 1991 年 4 月 2 日颁布的《干部档案工作条例》第五条规定："在干部档案管理工作中，必须贯彻执行党和国家有关档案、保密的法规和制度，严密保管，确保干部档案的完整与安全。"干部人事档案属于党和国家的机密文件，需要进行保密，任何人没有泄露或是私自保存档案的权利，也不能向社会无条件地提供服务。因为干部人事档案所涉及的内容不仅有干部的日常活动，还包括了干部有关的保密工作以及重大事件，在记载干部功绩的同时，也是对干部的过失、失误的真实记载，保存着组织上的考核意见、知情人为组织提供的佐证资料，以及当事人的自评，这些东西都应该保密，不能随意公开。

目前，我国的干部人事档案实施三个密级的保管原则，分别为绝密、机密、秘密，其划分的依据是干部的职位。所以，干部人事档案的机密性要求高校的档案管理部门对干部人事档案建立严密的保护制度，确保干部人事档案的安全，使干部的隐私权得到保护。

（六）权威性

干部人事档案涉及的材料是依据《干部档案工作条例》《干部档案整理工作细则》《干部人事档案材料收集归纳规定》所规定的范围、要求建立的，其具有权威性，不是个人编造的虚假材料，是经过层层审定的真实材料。一旦发现干部人事档案中有虚假材料，一律清除，情节严重的，对当事人给予党纪政纪处分，构成犯罪的，依法追究其刑事责任，所以干部人事档案的材料具有真实可靠的特点，其权威性不可撼动。

三、高校干部人事档案管理的作用及必要性

高校人事档案在高校档案管理过程中，所反映的是干部的思想道德、工作经历、业务能力等，是干部考核的"晴雨表"，当遇到敏感问题时，干部员工的档案就成了确定和澄清干部的重要依据。现代高校正朝着年轻化、专业化、知识化的方向培养干部，致力培养高标准的、德智双全的干部，真正做到干部岗位资源的合理配置，所以要结合档案对干部的全部历史表现与当下表现进行全面的考察。考察干部时常用两种方法，一种是到当事人工作的单位或部门进行考察，另一种则是通过人事档案的形式。依据这两种形式就可以对干部进行全面的考察，所以干部人事档案是干部人事任用的重要参考资料，同时是党和国家的档案史料的一部分，需要加以重视。

《干部人事档案工作条例》规范完善了干部人事档案管理的内容和形式，加强了对干部人事档案的利用，让其发挥应有的价值。高校干部人事档案的作用主要表现在以下四个方面。

（一）干部人事档案是客观了解干部员工的必要手段

要了解干部的个人情况以及整体表现，其档案是最直接的手段。通过查询档案，可以将干部放在一个历史与现实的水平上，实现对干部的综合考察。人事部门也可以通过这些材料对干部提出培训、进修、升迁、转调等方面的变动，最终达到"人尽其才"的目的。干部也能因此获得被认可的机会，增加了其主观能动性，使其在做好本职工作的基础上再进一步创新工作方式，引领部门攻克更多的难关，完成以及提升部门的业绩。所以，档案能够真实反映员工的思想政治、行为作风、业务能力、创新能力以及工作业绩等，是对个人的整体素养及工作经历的总结，要了解干部员工的真实情况，其档案是不可跨越的重要环节。

（二）高校人事档案为干部管理提供信息库资源

信息库资源中包含着大量的干部人才资源，这些资源具有集中性、系统性、全面性、真实性的特点。进行人事任用时可以依据这些档案资料选择合适的人才。人事对专业、年龄、性别、学历等进行分析，选出适合岗位的一部分人才，之后再对这一部分人才进行重点考察，大大降低了人事任用的盲目性。

（三）干部人事档案为组织人事任用、选人方面提供重要依据

干部人事档案工作是干部工作中最基础、最重要的部分，它是集中记载了干部个人经历、政治思想、品德作风、业务能力、工作表现、工作业绩等内容的文字材料。干部人事档案工作是组织人事工作的主要组成部分，也是干部工作、人才工作的重要环节，具有不可替代的重要作用。

目前，社会上也出现了一些"档案美容"的情况，他们的行为是严重违纪的，应受到法律的严厉制裁，来保证干部队伍的公平性，同时从侧面反映出档案管理工作不够严谨，也因为档案管理过程中存在管理疏松、把关不够严格、审核不严等现象，导致了用人方面的不公平，破坏了政治生态，所以要加强干部人事档案的日常管理工作，使档案工作呈现出公平、公正的特点，使其成为人事任用与选人的重要依据。

（四）高校人事档案是编写人物档案及专业史的重要参考资料

干部的人事档案虽然只是以有限的资料的形式保存，但都是对干部之前

的经历的总结，是经历的精华部分，需要谨慎保管，确保其安全性、完整性以及保密性。档案是干部工作的综合呈现，其内容精炼、涉及范围较广，综合反映其在政治、经济、文化、教育、军事等方面的才能，以独特的方式来记录着个人的经历，是人物传记必须参考的资料，具有较强的时代感，同时具有较高的史料价值，也是编纂专业史的重要参考资料。

在当代，高校人事档案管理工作非常重要，所以必须构建高校人事管理系统，深化改革，做好干部人事档案工作，切实发挥人事档案的作用。

做好干部人事档案工作，是实现高校人事任用、调转的前提条件。高校干部人事档案管理工作做得好的话可以有效避免干部档案弄虚作假，保持档案的真实性。所以，积极做好人事档案的更新、审核与管理，有利于人事任用的公平、公正。

做好干部人事工作，是高校从严治党的关键。"党要管党"需要管好干部，从严治党的关键就是要严格管理干部。干部人事档案是对干部经历的真实的、客观的反映，是选拔、任用干部的基本依据，考察干部的忠诚度与能力，是衡量干部各方面的综合能力的重要材料。无论是按照"三严三实"（"三严"指严以修身、严以用权、严以律己；"三实"指谋事要实、创业要实、做人要实）来严格约束党员干部，还是依据"德才兼备、以德为先"的标准来对干部进行考察，都必须从对干部人事档案的管理入手。

做好干部人事工作，是高校人事制度改革的客观要求。选贤任能是高校管理的重中之重，在高校人事制度改革的过程中，用人在改革过程中起着关键的作用。高校的档案管理部门要认真贯彻、落实党中央关于深化党和国家关于人事制度的改革，严格遵守档案材料的移交、接收工作，严把各个档案管理环节，确保人事干部档案管理工作与党和国家的改革步调相一致，使档案管理工作顺应时代发展，并得以顺利开展。

四、高校干部人事档案的工作流程

（一）高校干部人事档案的收集

高校干部人事档案的收集指的是高校的干部人事管理部门根据本校的人事管理权限、干部人事档案的归档范围，将部门、学院、学校形成的人事档案资料有意识地、及时地进行收集，最后建立完整的干部人事档案。对于高校来说，干部人事档案的建立是一项经常性、长期性的工作。如果在档案管理的过程中，高校对人事档案不能及时进行收集、鉴别、保管，那么很容易造成干部在这一时期的档案空白，因此干部在这一时期的工作成果及各项表现也就成了"无源之水"，这是档案管理工作中的重大失误，必须避免。

1. 当前高校在人事档案管理工作中存在的问题

（1）归档资料收集不全。有些干部在日常的工作中利用业余时间考取的证明学历、能力方面的证书，由于高校的干部人员较多，很有可能造成材料归档不及时。绝大多数干部对档案的及时更新没有概念，导致归档资料收集不全。

（2）干部人事档案面临着质量不高的情况，目前档案材料在填写方面存在着前后不一致、过于简单等问题，审查的时候没有及时纠正，造成档案质量不高。特别是干部人事档案中的"三龄一历"（年龄、党龄、工龄、学历学位）等存在着数值上的不一致，这将会对以后的升职、退休造成很大影响，需要审慎填写。

（3）归档材料的手续不完备，表现为有的材料的重要项目空白、部门意见缺失、部门的公章漏盖等，这些问题严重影响了干部人事档案的完整性，因此需要进一步加强高校干部人事档案管理的规范性。

2. 高校人事档案的收集

为了促进高校人事档案工作的顺利开展，需要高校有关部门积极配合，及时将干部相关的资料提交上去归档，并移交档案部门进行科学化管理，使干部个人的档案资料及时更新。同时，高校的档案部门要同高校的各部门展开广泛的沟通与联系，积极开展档案管理相关的知识教育活动，使高校范围内的相关人员认识到人事档案的重要性，对于干部的人事档案，高校和个人应该更加重视，应按时上交相关资料更新档案。尤其学校部门在讨论任免学校干部的时候，要在组织部下发文件后的一周后，及时将任用的干部人事资料连带干部的任免呈报表及审批表汇总起来，送至干部人事档案部门进行管理。具体的归档范围及人事档案收集、归档要求见附录二。

（二）高校干部人事档案的整理

在整理高校人事档案时需要把握以下三个原则。

（1）在整理高校人事档案的时候要做到认真鉴别、分类准确、编排有序、目录清楚、装订整齐。通过整理使每个档案达到完整、齐全。

（2）整理干部人事档案之前，需要对干部的个人资料进行全面的收集，并将收集来的资料进行装订，准备好卷皮、目录纸、衬纸、切纸刀、打孔机等制作档案的工具。

（3）整理干部档案的管理人员，需要具备干部工作方针、政策相关的知识，严格遵守档案管理的相关规定，熟悉整理干部人事档案的流程，认真、负责地做好档案整理工作。

（三）高校干部人事档案的归档

高校干部的人事档案的归档一般分为两个环节：一是检查和填表，二是审查。

1. 检查和填表

归档部门兼职档案人员认真检查归档材料是否符合要求，并填写《干部人事档案零散材料移交表》，一式两份。兼职档案人员和归档部门领导签字后，连同档案材料一并送交人事处。档案材料移交时无须装订。

2. 审查

人事处对归档材料进行质量审查，重点审核归档材料是否内容真实、填写规范、手续完备。如审查合格，档案管理人员及人事处领导在《干部人事档案零散材料移交表》上签字，一份退回归档部门留存。

五、高校干部人事档案的利用与传递

高校干部人事档案的利用是干部人事档案工作的核心。一般来说，档案就是人们在社会实践活动中直接形成的各种各样的具有保存价值的历史记录。历史记录具有原始性的特征。干部人事档案产生的目的是为了深入贯彻习近平新时代中国特色社会主要思想以及党的十九大精神，落实从严管理干部的要求，充分发挥干部人事档案在选拔、用人方面的优势，逐步推动干部人事档案朝着科学化、制度化、规范化的方向发展。

有些地区的干部人事档案存在涂改造假的现象，严重破坏了档案的权威性与公信力，需要及时遏制。在制度层面上也需要在根本上铲除造假的现象。近年来，我国各级组织的人事管理部门严把选人用人的档案关，开发档案的信息资源，积极推进干部人事档案信息化建设，并在初期的实践中得到了一些经验，推动着干部人事档案工作的全面落实与开展。

（一）干部人事档案的利用

干部人事档案的核心与最终目的是利用。干部人事档案的利用工作应该成为常态，应该不断加强干部人事档案的服务理念，提高其利用效力。干部人事档案的利用方式主要有查阅、复制、摘录等。在利用的过程中需要明确以下三点。

一是要明确新时代干部人事档案在整个档案管理中的地位。将干部人事档案提高到一个新的政治层面上，将其作为党的重要的执政资源进行考量，做到人事档案的设立始终是围绕着干部进行的。

二是要加强顶层的设计。要以《干部档案工作条例》的相关规定为标准，在宏观指导之下去兼顾实际的档案管理工作。

三是要全面的从严管理。在《干部档案工作条例》中新增了档案的审核内容，坚持干部人事档案在发生变动的时候严加审核的原则，全面规范干部人事档案的建立、管理、利用环节，将管理工作细化，将责任分工，强化了责任担当。

四是要注重干部人事档案的效用。要尽可能搜集、保存干部档案的完整的、全面的内容，重点收集干部的忠诚、责任、担当、廉洁等方面的材料，致力建设信息化的现代档案管理系统，便于干部人事档案管理及利用，同时积极开发干部人事的信息资源，为客观评价干部提供较真实、全面的档案信息。

（二）高校干部人事档案的转递

一般的高校会根据中共中央组织部、国家档案局制定的《干部档案工作条例》来规范学校的干部人事档案转递工作制度。一般来说，各高校的干部人事档案的转递大同小异，有以下几点共性。

（1）学校在编教职工工作发生调动或者职务发生变动的时候，应在学校规定的时间内及时地将档案转给新的主管档案的单位。同样，对于新入职的教职工，也应该在规定的时间内及时地将档案转到学校档案管理部门。

（2）转入转出的档案，所遵循的原则是"信息准确、材料齐全、手续完备、整理规范"，高校应对转入转出的档案进行审核。对于转出的档案，应在规定的时间内完成档案的整理以及转出工作。需要注意的是转出的档案要做到材料齐全、完整，不得私自扣留部分材料或者分批转出档案材料。对于转入的档案来说，要严格按照国家规定的干部人事档案接收的标准，在学校规定的时间内完成档案的审核工作，对不符合要求的人事档案要及时地向转出单位反馈存在的问题，并且要将档案退回，重新修改寄出，修改合格之后才能归档。

（3）在转递学校干部人事档案的过程中要保证档案的安全性。档案应严密包封，通过机要交通进行转递或派专人投递，不允许邮寄或交给干部本人自带。如果出现个人自带的情况，接收单位应该拒绝签收。街道的档案如果发函有拆分的痕迹，需要会同干部原单位的上级主管部门进行核查。

（4）转入、转出的干部人事档案的手续应当符合档案转递的相关要求。转出的档案应该依据学校的人事处开具的人事处转档通知单，给予办理。在办理转出档案的时候，需要按照中共中央组织部统一规定的"干部档案转递通知单"的项目进行登记。在办理转入档案的时候，要按对方转出档案单位填写的"干部档案转递通知单"的内容进行核实，核实无误后，要在回执单上签字、盖章，立即寄出。对于转出的档案，如果在规定的时间内未收到回执单的，需要及时询问，以防止丢失。

第三节　高校干部人事档案工作的现状

《干部人事档案工作条例》明确指出了干部人事档案的重要性，干部人事档案是各级党委（党组）和组织人事等有关部门在党的组织建设、干部人事管理、人才服务等工作中形成的，是干部选拔、调用等的主要依据。高校的干部人事档案管理是高校档案管理的重要组成部分，对高校干部以及人才队伍的建设起着重要的作用，能促进高校对干部人才的选拔，对高校的未来发展起着重要的作用。在高校档案管理过程中，文书档案及科技档案是高校档案管理的重点，并且一般设有专门的档案管理部门进行管理。高校干部人事档案一般由人力资源管理部门监管。近年来，干部人事档案的作用逐渐凸显出来，其档案管理的工作也在朝着越来越规范的方向发展，现在大多数的高校开始设立专门的干部管理人员，对干部的人事档案进行专职管理。但干部人事档案的管理工作仍处于初期，各项工作还尚在开发之中，出现了诸多问题，需要不断完善。

一、高校干部人事档案管理取得的成就

（一）档案信息化的应用情况

目前，包括干部人事档案信息化在内的高校档案信息化建设正在有条不紊地开展，在社会信息化理论以及相关的信息化政策的指导下，实现了以下几个方面的建构。

首先，实现了整齐划一。之前的干部人事档案工作存在着管理混乱的情况，为了扭转这一局面，不少高校采取了国家统一的档案管理方法，这些方法是国家经过系统规划得出的集成性的应用，具有积极的意义。其不仅促进了档案管理的信息化与现代化的构建，也解决了大量电子文件归档，实现了电子文件的生成、处理、收集、整理、移交、归档、检索等方面的连贯管理过程，很显然，档案信息化的过程中运用该种方法可以有效提高管理效率，使档案管理工作朝着信息化、高效化的方向发展。在具体的档案管理工作中，高校干部人事档案管理人员在其主管的范围内，本着一切从实际出发的原则，来制定相应的管理目标、实施原则，这样可以减少档案管理过程中不必要的工作，节省大量经费。事实证明，科学有效的档案管理实施策略可以科学指导信息化建设工作，促进档案信息化系统在日常的干部人事档案管理工作中发挥最大的效能。

其次，高校档案信息化目前处在一个全面开展、重点建设的阶段。随着大数据时代的到来，社会上的电子政务业务在不断开展。档案接收过程中，电子档案在数量及种类上不断增加，档案管理的业务也在逐渐增多，其管理呈现出越来越复杂的状态。一些地方开始尝试构建信息化系统，在技术上一边通过自主研发的方式，一边对有难度的技术采取外包的形式，完成了信息化技术方面的构建，在结合自身档案的具体情形的基础上，先后实施了档案数字化的制作系统、全文数字化信息管理系统、档案数字化应用系统、局域网站发布系统。这些有益的尝试使档案管理系统在目录编制、保管利用、对外开放等业务管理方面，实现了信息化、数字化，不仅提高了档案管理的科技含量，还大大提升了档案的服务功能。

（二）高校干部人事档案取得的成就

高校人事档案管理工作在《干部人事档案工作条例》的指导下，有了较大的改进，作为高校人事档案管理的一个重要部分，高校干部人事档案管理

同样也取得了重大的成果，对高校的选人用人以及推动高校的综合实力的发展有着积极的作用。如今，各大高校不断探索高校干部人事档案管理的长效机制，积极推动档案设施建设，通过招聘专业人才、培训的手段来强化档案管理人员的专业能力，在鉴别、整理、收集、归档的过程中使高校干部人事档案管理朝着规范化的方向发展。将现代的计算机技术应用到人事档案的信息化管理中，使高校在人事档案管理上取得了一些成就。这些成就表现在以下方面。

1. 档案设施建设趋于达标

档案设施是进行人事档案管理的前提与基础，档案设施为人事档案管理工作提供了重要的物质基础，促进了档案的长期保护。因此，高校近年来都在加大档案管理的力度，投入了大量的精力、物力、财力，改善了档案裱糊的条件。高校的档案凡是超过 1000 卷的，按照具体的要求专门设置档案库房，将档案库房与阅档室、档案人员的办公室分开，确保了档案保管的安全性。同时，档案管理部门中备齐了电脑、扫描仪、装订机等基础的档案办公设备，以及铁门、铁窗、铁柜、空调机、去湿机、温湿度记录仪等设备，做到"六防"（防火、防潮、防蛀、防盗、防光、防高温）。

2. 档案管理工作制度化

目前，各高校进一步完善了干部人事档案管理的工作制度，在档案的查阅、节约、鉴别归档、档案收集更新、档案保管保密、档案整理、档案转递、档案销毁、档案检查等方面都有了具体的规定。部分高校还形成组织、人事部门立卷—学院及相关的部门提供资料—档案馆统一管理的模式，进一步优化了档案管理的运行状态。在管理上，还将干部人事档案工作的各环节细化到个人，进一步强调了干部人事档案工作的责任。干部本人要对个人的资料进行填报，并保证其真实性；学院及相关部门要出具意见，并且进行甄别、收集、整理、转运等。组织、人事部门需要将干部人事档案立卷，最终由档案馆进行统一的收集、整理、保管、利用、服务等。这些制度的建立是高校档案管理工作的创新性尝试，具有积极的作用，需要大力推广。

3. 人事档案的鉴别整理、收集归档实现了规范化

按照《干部人事档案工作条例》的相关规定，高校根据文件对本校的档案管理进行自查，发现问题应及时整改。主要在以下三个方面进行。

首先，对高校干部人事档案进行全面的排查，对缺失、错误的内容进行登记，尤其是涉及干部人事档案中的缺失、错误内容，及时补充更正，对不能更正的内容要附上说明。

其次，对缺失、错误的档案要及时地更正，需要经过组织部、人事部的审查，在确定无误后才能装入档案袋中加以保存。

最后，将缺漏、差误的材料按照干部所在的单位发送至相关的部门和通知干部本人，要求定期催收。档案形成部门对收回材料进行审核，合格的由档案馆整理后按照相应的类别装入档案袋中，对不合要求的材料，统计列表后再次按材料标准要求发通知催收。

4.档案管理服务朝着信息化的方向发展

高校干部人事档案的信息化构建是对传统的人事档案管理的创新，是高校干部人事档案发展的方向。目前，部分高校已经在数字化的校园平台上开发出了人力资源系统以及相应的人事档案信息系统，加快了信息化管理的进程。但目前国内只有为数不多的几个学校处于信息化管理的前端，大部分学校的信息化构建还处在较低的水平，需要迅速推进，只要有这样才能实现高校档案管理的信息化，以及对干部的人事档案的开发与利用。

二、高校干部人事档案管理存在的问题

高校的扩招所带来的影响，表现在教师队伍的建设上是对具备专业能力的人才的需要，在干部层面，需要不断引进优秀的干部人才，对部门、学校进行科学化管理。随着高校干部人才的数量以及流动性的增加，档案管理的工作量也在逐渐加大。而目前大多数的档案管理仍然是以手工操作为主，且操作的过程复杂、审核的环节众多。与《干部人事档案工作条例》中的具体条例相比，目前高校干部人事档案在收集、归档、档案质量、档案规格、装订期限等方面都存在或多或少的不规范，加上学校的管理并不完善，使干部人事档案管理的工作遇到瓶颈。

（一）干部人事档案管理工作存在着机械性与重复性

每年高校生成的干部人事档案的材料众多，档案中所规定的干部的经历、思想情况、考核鉴定、支撑情况、表彰奖励、工资情况、职务变动等材料均需要一一核对，确保其整体性与正确性。一方面，目前高校的干部人事档案管理采用的是手工操作的形式，仅材料装入档案袋并封存的环节就需要

耗费大量的时间，这样机械的、重复的工作耗时耗力，加上高校管理干部人事档案的人员较少，没有精力去细化、充实档案的内容，因此档案的内在质量也无法得到提升。另一方面，高校的干部人才与其他单位的干部的不同之处是，他们学历水平高，继续学习的机会较多，在学历提升、深造方面的资源也较其他单位多，也造成了档案管理工作的复杂性。

（二）人事档案管理责任主体不够清晰

高校干部人事档案整理的标准目前处于不统一的状态，因此档案的整理应该按照《干部人事档案工作条例》的要求进行，但目前高校的档案存在着纸张的规格不统一、装订的形式不够规范等问题。当然干部的人事档案也不例外，有的档案的格式不对，需要进行标准化的整改，而整改的过程中还会涉及多人多部门、多层级、多单位的沟通，也给档案管理的工作带来了非常大的困难。

以上原因导致高校干部人事档案管理处在了一个责任不够明确的状态。《干部档案工作条例》中规定了"各级组织、人事部门，应加强对干部档案工作的领导，及时研究工作中出现的问题，采取有效措施，不断加以改进，提高科学管理水平"[1]。实际上，现实中的高校干部人事管理工作基本上是由各级组织部门的领导及主管负责的，人事部门的主管作用被放在了次要的位置。

在机构的设置上，干部力量配备没有完全到位。《干部档案工作条例》中有明确规定，县以上（含县）的组织、人事部门，应建立相应的干部档案管理工作机构，并且"每管理一千人的档案需要配备一名专职干部"[2]。就目前我国高校的实际实施情况来看，机构设置与干部的配备并没有得到很好的落实，干部档案室的设置往往不属于编制内的机构，所以干部档案管理人员也处在一个无职无权的尴尬局面。干部档案管理人员在完成数量庞大的干部人事档案管理之外，没有多余的时间去解决档案管理过程中出现的新问题与新情况，所以目前的高校干部人事档案管理工作与国家综合档案系统的管理工作相比，显然在人员配置以及人员待遇上存在着较大的差距，这就需要加

---

① 中共中央组织部办公厅.干部人事档案工作文件选编 [M].北京：档案读物出版社，2014：7.

② 中共中央组织部办公厅.干部人事档案工作文件选编 [M].北京：档案读物出版社，2014：2.

大力度去健全管理工作机构，不断完善与壮大干部档案管理队伍。

（三）干部人事档案材料不全、质量不高

干部人事档案材料不全、质量不高主要表现在以下两个方面。

首先，干部人事档案材料不够完整，前后衔接不够顺畅。人事档案的形式与内容上的完整性构成了人事档案整体的完整性。在形式上，部分档案的手续不够齐全，有的缺少签字，有的没有单位的公章，有的不是用黑字笔书写，或是用复印件代替了，这些都不符合档案的完整性要求。在内容上，各个类别的资料需要载明具体的事项，有明确的时间，能全面地了解干部各个阶段的履历与成就，能较完整地反映重大事项的始末，还要保证材料完整，不能有破损的情况。目前的档案多数情况下是达不到档案的完整性要求的，虽然干部的职称评定是档案中的核心内容之一，但大多数的材料不够完整，有的缺少初聘表，有的缺少讲师评审表，有的已经是高级职称，但只有初级职称的相关资料。干部人事档案的其他内容也存在这样的情况，有些刚合并的大学由于在合并之前未能将干部人事档案资料及时地归档，合并之后干部队伍又发生了变化，加上新的材料的不断产生，容易使工作搁置。部分高校的档案资料不是及时更新，而是通过补做来解决，同样也造成了档案资料的堆积，使有些资料未能按规定装入档案袋中。

此外，高校的干部人事档案中还会出现这样的情况，一个干部的人事档案材料分散在学校的几个部门中，造成人事档案的不完整。一些高校的科研、教务部门也会生成一些干部的档案资料，但由于部门之间的要求不同，所产生的形式也存在差异，所以也造成了人事部门收集上来的材料不够齐全、个人档案材料不完整的局面。有的干部人事档案的存放出现这样的情况，通常反映政治经历的材料在人事处存放，而有些干部还从事着教学的工作，反映教学方面的材料在教务处存放，教师的科研成果及论文学术等则存放在科研机构中，这样一来各档案资料之间处于一个分散的状态，并且形成了"一人多档"的局面。想要了解干部的综合情况，还需要到各部门去做分项调查，这样的分散的方式，不利于档案的管理，还造成了部门之间的重复归档，加剧了管理的难度，同时容易造成档案资料的遗漏，且部门之间由于职责划分不明确，在档案资料丢失之后还可能相互推脱，从长远看这样的方式并不利于干部人事档案的管理。这会导致干部在发生变动时，难以在短时间内将档案集中起来，且集中的时候也需要对各项的时间进行排序，又增加了档案管理的难度。这样既影响用人单位对干部的整体情况的考察，也容易

产生一些无头资料。

其次，干部人事档案的内容不全。高校干部人事档案常常呈现重政治、轻业务的倾向，造成千人一面，流于形式的局面。受传统人事档案管理工作的影响，高校的人事档案只注重记录个人的政治思想、政治表现、家庭成员等，其主要目的是方便组织上考察了解，具有积极的意义，但在教学工作、科研方面、个人能力等方面存在着不足。而且在政治上的概括，也常常千篇一律，呈现出书本化、理论化的特点，用词较为刻板，不能生动地再现干部真实的政治思想及政治表现。尤其是在干部的人事档案中，缺少具有个性化特点的资料。若干干部在参与同一事件时的资料呈现出很大的相似性，所以空洞的、形式化的内容较多，而实质性的、细致的内容较少；反映学历内容、经历、政治面貌的内容较多，而反映个人的业务能力、解决问题的过程、技术方面的创新等方面的内容较少。有的评语知识寥寥几笔带过，致使高校人事组织在考察干部人事档案时，出现"不看档案不放心，看了档案不省心"的局面。

最后，高校干部人事档案的开发、利用程度较低。社会的建设离不开高校的建设，高校为社会源源不断地输送合格的人才，高校的干部也为高校的建设提供了指导，对提高高校的教学质量具有积极的作用。干部人事档案记录的是干部的真实经历，是一笔宝贵的财富，但目前高校存在的问题是对高校干部人事的档案开发程度不高，大多只停留在对干部基本信息、基本经历的大致描述上，还未进行更深层次的开发与利用，这就导致了大量的干部档案资源的浪费。要改变这一现状就需要利用科学技术，建立现代干部人事档案管理系统，并在全国高校、全社会进行推广。目前多数高校的干部人事档案信息化建设还处在初级水平，只是将个人的基本信息、档案目录输入计算机中，而查询信息的时候仍然沿用手工操作的方式，所以无纸化阅档还没有完全实现，这也在一定程度上制约了干部人事档案的信息开发。如果建立以计算机为主的档案信息数据库就大大节省了时间，还会提高档案数据的准确性，使在较短的时间内找到干部的个人信息成为可能。

以上是高校人事档案在信息化管理过程中存在的问题，这些问题同样存在于干部人事档案的管理工作中，与普通的人事档案管理相比，高校干部人事档案管理要重要得多，高校干部人事档案得到妥善管理，会促进高校选择管理学校的各校事务最适合的人员，实现了"人尽其才"，加速高校各项工作的开展。

三、高校干部人事档案管理体制发展情况

在高校干部档案管理实施的过程中，需要依据现有的关于档案管理的法律法规来进行，就发展现状看，干部人事档案在管理制度上存在着不够健全的问题，严重影响了高校干部人事档案的管理。高校干部人事档案的管理制度主要存在以下问题。

（一）档案管理制度不够健全

高校依据现有的与档案管理相关的法律法规并结合自身的情况先后建立高校干部人事档案管理制度，但仍然停留在较大的体系构建上，一些细化的干部人事档案工作没有进一步明确，如干部档案的归档、保密、查阅、转递等，仍然处于空白状态，一些较为注重档案管理的高校也做了一些规定，但仍然停留在试行的阶段。

（二）档案管理制度完善不够及时

高校干部人事档案管理没有根据国家更新的一些法律法规对相关制度进及及时补充完善，所以在细化管理上存在着诸多问题，因此干部的人事档案在人事管理过程中发挥的作用不大。

（三）科学有效的干部人事档案管理制度尚未建立

科学有效的干部人事档案管理制度尚未建立，主要表现为高校干部人事档案管理多而散，未形成一个统一的整体。档案管理制度的不完善还表现在高校干部人事档案中各种资料的规范程度不高，更多的是一些证明性材料，如部分高校干部人事档案学历材料中仅有毕业证和学位证，毕业生登记表、报考登记表、学籍证明材料、毕业答辩相关内容及学位授予材料、成绩单，特别是硕士、博士、在职等相关学历认证材料缺失，不能全面反映干部的真实水平。

四、高校干部人事档案管理信息化实施程度

在干部人事档案信息化的过程中，最大的问题是数据格式上存在着不统一的现象，在通用性上有待进一步提升。这些问题给数据的迁移以及资源的共享产生了不便，同时制约了档案的信息化建设。所以，现代的先进计算机设备以及升级考核系统就成了摆设，造成这种局面的原因主要有三个。

（一）档案管理的观念落后

首先是学校的领导层对信息化建设的认识不足，对现代档案的意识淡薄，没有将人事档案作为一项重要的资源加以利用。有些高校的领导仍然用传统的眼光去对待档案管理工作，在人力、物力、财力上的支持都不够，在具体的管理过程中，注重对档案的管理，而不是档案的利用，缺乏创新的意识与服务，对人才资源的开发、利用也出自一个被动的状态。

（二）管理手段的落后与现代设备之间存在矛盾

现在高校的档案管理正在朝着信息化的方向发展，许多高校在建设档案管理工作体系时，也将计算机设备引入档案管理中，并安装了相关的管理软件，但档案管理人员因为对计算机不够熟悉，只是对档案信息实行了基本的录入，缺乏对数据的分析与整合能力，缺少技术上的支持。

（三）没有在档案的开发上投入太多精力

人事档案与文书档案的区别在于，文书档案经过整理之后会在较长的一段时间内保持稳定性，不会发生太大的变化，而人事档案具有动态性的特征，只是在短时间内保持不变，随着当事人的工作、职称等变化会增加相应的材料。这些资料变化频繁，加上高校的教师数量较多，就造成了每年需要不间断地将新材料放入个人档案中，完成档案的更新。高校目前的人事档案管理人员一般为 1～2 人，人手不够，且会耗费大量的体力，也没有精力去开发利用更多的资料，来甄选人才。

（四）高校干部人事档案信息的服务意识不强

档案管理的最终目的是充分利用档案资源，实现人才的优化配置。长期以来，高校人事档案管理工作只是将高校干部人事档案的信息收集起来进行保存，而利用环节少之又少，高校干部人事档案的线上查阅以及检索的信息化的服务意识较弱。另外，要实现高校干部人事档案管理的信息化，需要在软件与硬件上进行建设，一方面，需要将纸质的档案转化为电子档案；另一方面，文档处理软件及数据库规范整理、档案的安全保密工作等都是一个系统、浩大的工程，需要学校下大力气。

（五）高校干部人事档案信息化管理网络建设处于薄弱环节

高校应用信息化管理的效率较低，主要表现为高校人事档案管理部门对干部人事档案的管理不到位。虽然信息化的档案管理工作的开展已经有一段时间了，但其信息化的表现形式较为浅显，表现为档案的扫描、微缩、纸质档案电子化等较为基础的工作，这与实际要实现的档案信息化还有较大的差距。其次，干部人事档案的资源也只能在本部门的内部进行共享，形成了"信息孤岛"。最后，虽然各部门之间也开展了干部人事档案信息的共享，但仍然存在干部档案的利用率低下的问题，对干部选拔、选调等帮助不大。

因为高校干部人事档案管理的网络化发展不高，所以其也存在一定的隐患，在信息化建设过程中，需要有专门的技术人员的协助，否则容易造成干部信息的泄露，同时干部人事档案管理信息系统也存在被入侵的危险。

第四节　改进高校干部人事档案管理的措施

高校干部人事档案管理需要不断运用现代技术与管理理念来进行变革，不断促进高校干部人事档案的优化，使干部人事档案管理的工作从管理层面上升到运用层面，为高校干部的选人用人提供更多的参考，这是高校未来朝着良好方向发展的重要依据。高校可以从以下几个方面来改进干部人事档案管理的工作。

一、高校的高层领导的重视

高校的高层领导要重视干部人事档案工作，给予人力、物力、财力的支持，真正认识到干部人事档案对选拔合格的干部的重要性。对于高校的干部来说，他们肩负着建设高校、提升学校各方面能力的重大责任，干部在关键岗位上，影响着高校的发展方向，因此在用人方面需要慎重对待。关于干部的人事档案，国家也出台了一些法律法规来指导干部人事档案的管理，目前各大高校也制定了符合高校自身情况的档案管理规则，虽然尚处于试行阶段，但也表明了干部人事档案朝着规范化的方向发展。学校的领导要鼓励学校健全人事档案管理制度，将干部人事档案的管理纳入整个构建体系中，确保干部人事档案在资料质量、更新、整合上得到进一步提升。干部人事档案涉及学校工作的方方面面，只有真正在学校各个方面发挥积极的作用，才能体现干部的价值。因此，高校要将干部人事档案建设纳入学校档案的重要部分进行管理，将具体的实施路径提上领导会议的议事日程，层层分解人物，形成高层规划安排，基层主动落实的程序，实现档案工作的良性优化。

二、积极宣传干部人事档案的价值

要提高档案管理的意识，真正在实际工作中发挥干部人事档案的意义，需要在全校范围内加大对档案管理的宣传力度。高校的教职工应认可档案对人生发展及职业上的价值，真正认识到档案是自我经历的集中体现，档案的当事人如果重视档案的价值，自然会主动更新材料，在规定的时间内提交资料，保证档案管理工作的顺利开展。同样，高校的干部也会自觉重视档案的价值。所以，宣传人事档案的价值非常有必要，可以通过以下途径进行宣传。

（1）学校在评估的过程中，积极宣传人事档案的重要性。高校的教学工作水平评估是教育部实施"质量工程"的一个重要环节，是教育主管部门加强高等教育教学质量控制的重大举措，最终的结果反应的是高校的教学质量及教学水平，是高校综合实力的展现，其直接影响着学校在社会上的影响力以及学校未来的发展，是学校建设的大事。所以，在使用档案的过程中，学校会体会到档案的意义，认识到档案工作的重要性。档案的管理人员应该抓住这一时机，积极宣传人事档案管理工作，促进与高校各部门之间的联系，寻求多途径的配合，助力档案质量与时间上的优化。

（2）要以干部人事档案目标管理达标为契机，推进干部人事档案的宣传。国家对干部人事档案管理工作非常重视，会在全国范围内开展干部档案工作目标管理活动，其目的是进一步加强干部人事档案管理的重要性宣传，促进学校优化干部档案管理过程。学校在开展干部档案工作目标管理活动的时候要善于发现问题，采取有效措施改善干部人事档案管理滞后、不规范的情况。

此外，还可以通过评职称的方式加强干部的档案管理意识，干部人事档案管理工作是一项双向的工作，一方面需要干部积极配合档案更新，强调档案材料的完整性与规范性；另一方面，还需要档案管理人员对档案各项工作的及时推进。

三、通过举办名师、名人简历展览来提升干部人事档案的价值

高校人才济济，其学历普遍处于较高的层次，这些人才掌握着各专业领域的前沿科研理论与高新技术，有的还在行业内起着带头作用。而学校的名师、名人多在干部行业，带领众多的优秀人才投身学科建设中。高校可以将学校的名师、名人汇集在一起，举办名师、名人简历展览，来扩大学校的影响力，而展览需要人事档案中的相关的信息。

一些高校开设了名人档案的整理与归纳工作，这些名人档案的资料包括名人的成长经历、求学经历、获得奖项、重大科研成就以及在国家重点建设项目中的突出成就，广大教职工及学生可以通过浏览这些资料对学校名人有较为全面的了解，也会增强对母校的自豪感。同时，这些展览会使广大师生向名人看齐，起着名人示范及教育宣传的作用。高校可以对这些名人的资料进行数字化、信息化处理，主要是通过多媒体的手段，以图片、声音、视频等形式来生动直观地表现出来，还可以将这些资料添加到学校的官网上，供学校、社会浏览使用，扩大了名人的影响范围。

四、加强高校干部人事档案管理人才的建设

要实现档案管理的现代化，人才的构建是重中之重。以往单一的知识结构已经不能满足干部人事档案的现代化需求，同时干部人事档案的管理从整理转向利用。所以，在开展干部人事管理工作的过程中要在档案管理的人才建设上下大力度，积极采用各种激励手段来充实人事档案的干部队伍。建设多元的、复合的专业技术队伍，实现管理团队中的人员既具有综合管理的能力，也有过硬的技术，这样干部人事档案管理就能朝着现代化的方向发展。只有人事档案管理人员具备较高的综合素质，才能在档案管理的方法与技术上创新，才能为人事档案信息化提供最基本的人才保障。

要构建现代人事档案管理的现代化建设，要从技术方面下功夫。目前，全国范围内的高校档案管理部门中具备专业计算机能力的人才所占的比例较低，因此要注意对计算机专业人才的引进。最直接的办法是将计算机专业的人才引进来，扩充档案管理队伍，他们主要负责程序的开发与管理，在出现问题的时候能及时维护。通过对档案管理的了解，高校可以从实际出发，为干部人事档案的管理量身定制一些系统，这样可以有效地提高档案管理的能力，同时可以通过培训的方式来提升现有管理人员的信息化素养。当然，目前最快捷的方式还是要吸收计算机专业方面的人才，这些人才以其系统的专

业知识见长，可以为高校的人事档案开发出适合其发展的系统，在档案管理软件方面提供了技术上的支持，为档案查阅、利用提供了便捷条件，在一定程度上改变了现今档案管理现代化水平较低的现状。

五、运用现代化技术开发高校干部人事档案信息资源

计算机的出现改变了人们的生活和工作方式，运用现代化的管理手段实现档案信息化建设是目前档案的发展方向，通过现代计算机技术，实现档案的信息化，可以使档案管理与利用朝着数字化、智能化的方向发展。档案的信息化推进了高校人事管理的信息化进程。目前，教育系统运用计算机技术较多的是网上报名、录取已经取代了人工报名、纸质通知等方式。高考的录取实现了电子档案与纸质档案并存的局面，档案的电子化也将逐步代替纸质档案，实现档案的信息化管理。就目前的办公方式来说，高校的各部门也实现了计算机办公，其信息化也为人事档案管理的信息化提供了便利。所以，就目前的高校来说，需要按照国家的标准以及行业的准则来加强人事档案的信息化建设，提高档案管理的自动化程度，推动档案管理朝着科学化、规范化、信息化的方向发展。

自从 2000 年的全国档案工作会议上第一次提出了档案信息化建设，档案信息化工作便在全国范围内迅速开展，高校通过计算机技术、现代通信技术、网络技术、大数据等，对高校的人事档案进行搜集、整理、开发与管理，最终实现了高校人事档案资源的充分利用，以及人才资源的优化配置。到了 2002 年，国家档案局又颁布了《全国档案信息化建设实施纲要》进一步细化了档案信息化的内容，即档案信息化基础设施建设、档案信息资源建设、档案管理应用系统建设、档案信息化标准规范建设、档案信息化建设人才队伍建设和档案信息安全保障体系建设。中共中央办公厅于 2018 年印发了《干部人事档案工作条例》，总结吸收党的十八大以来从严管理干部人事档案工作的新经验新成果，对干部人事档案工作的体制机制、内容建设、日常管理、利用审核、纪律监督等加以规范完善，是一项重要的基础性党内法规，是全面从严治党落细落实的具体体现，对新时代全面发挥干部人事档案资政作用，全面提升干部人事档案的权威性和公信力，具有重要意义。干部人事档案管理工作历来为党中央所重视，习近平总书记曾经多次作出指示，要将干部分时档案管理作为党创造的独特的财富，作为新时代党的重要执政资源加以利用，作为高素质、专业的干部队伍的重要依据，所以当下建设干部人事档案要走向现代化，就必须具备现代档案管理的素质，运用现代技术

去管理现代档案。

干部人事档案信息化的构建是符合当前时代的发展潮流的，其从根本上改变了干部人事档案管理的模式，不仅在模式上有所创新，在技术、理念等方面也有了一定的突破。干部人事档案管理信息资源的开发主要针对的是干部的服务功能方面的拓展，主要表现为档案管理的工作能真正服务于档案当事人及高校的人事管理部门。

干部人事档案管理信息化是组织系统信息化工作的重要组成部分。干部人事档案管理在新形势下，要适应现代社会的快节奏及对相关信息的需求，就要构建安全、便捷、共享、高效的干部人事数字化档案网络，最终实现业务部门与档案部门的"双赢"。所以，在高校干部人事档案管理的过程中，要从实际出发，构建真正适合高校干部人事档案需求的信息化系统，不断加强干部人事档案管理的水平。在具体的构建过程中，从大的方向上要制定符合高校干部人事档案管理规律的相关措施。

首先，在干部人事档案采集的时候，要对信息进行严格的审核，高校干部人事档案管理要实现信息化，需要的基础性材料是数据，而这些数据需要准确的数据源作为支撑，这是进行信息化构建的第一步。高校要对采集资料的程序与材料的鉴定等环节上进行把关，采集资料的过程中，需要准确地录入干部当事人的基本信息及相关的基础性信息，将现有的纸质化档案转变为电子文件，这一环节要坚持档案的完整性原则。在进行材料鉴定时主要针对的是虚假材料，要秉持去伪存真、查漏补缺的原则，使档案的权威性得到捍卫。

其次，要注重档案管理的全程跟踪与动态管理。档案信息化工程是一个长期的构建过程，需要各项资源的充分整合与最大化利用。在开发与构建的过程中要组建一支具有较高的政治素养、专业的技术及较强的责任意识的档案管理员队伍，在管理的过程中要进行信息的及时更新，实现统计功能与干部数据库的实时联动，为做出科学合理的决策提供数据支持，实现档案信息在干部选拔任用过程中的最大化利用。

最后，在档案管理信息化的过程中，需要有整体的规范性文件和严明的纪律，加强监管。干部人事档案管理过程中，存着干部档案造假的现象，如年龄造假、学历造假、入党材料造假、工作经历造假、家庭情况造假等，这些造假问题也暴露了干部的纪律意识及责任意识方面的欠缺，同时反映出部分干部的档案意识淡薄，需要从根本上将这些现象剔除，所以档案管理的各个环节要严格按照法律规定的步骤去做。一是，要明确工作的积累，坚持凡提必审、凡进必审、凡转必审的档案管理原则，从整体上规范档案管理的行为；二是，要在查阅权限上进行分类设置，设置授权的人员要由专人负责，全面规范档案系统的管理和使用；三是严设查阅权限，通过专人负责，授权开放，在保证信息安全的同时，防止篡改与伪造；三是强化日常监督，构建全方位、多维度、立体化的监督体系，以科学、规范、严密的督查制度来保证系统的可靠运行。

　　高校在信息化建设上具有先天的优势，在基础设施建设上，目前，全国高校都有自己的校园网，有专门的管理部门进行管理，这样的管理体系较为专业与完善，为人事档案信息化管理提供了设备准备，可以为高校人事档案资源实现区域性的信息化，一些名人、名师的相关资料还可以在校园网上共享。在人力资源上，高校拥有最全面的人才，其技术实力与技术资源是巨大的，高校可以通过组织相应的人才，来建立数据库、信息传输、信息安全等技术方面的系统。随着我国高等教育人事制度的深化改革，人事档案管理的重要性越来越突出，档案的信息化建设越发紧迫。目前，高校已经制定了人事档案信息化建设的发展规划，对基础性的设施、人力资源的投入也在逐年加大，这些都为人事档案信息化建设提供了保障。当前的人事档案信息化工作需要进一步利用高校现有的资源，整合各部门的能力与技术，构建适合高校自身发展的档案信息化管理系统。

第三章 高校干部人事档案信息化管理的实施方法与策略

第一节 高校干部人事档案信息化管理相关理论

目前，高校人事档案工作存在着种种问题，究其原因是工作体制上存在弊端，所以信息化时代，档案的信息化构建十分必要，高校干部人事档案信息化作为档案信息化的一个重要部分，其信息化构建具有积极的意义。

一、信息化发展是高校干部人事档案发展的必然要求

信息化通常指的是人类通过运用现代的信息技术对信息进行获取、加工、处理、储存、传播及使用的过程。信息化的主要对象是信息，信息技术既是信息化的手段，也是其结果。人们运用信息技术对信息进行处理与优化，就是信息化的过程。20世纪50年代，随着计算机技术、网络技术的发展，世界范围内迎来了信息化的发展大潮，涉及世界政治、经济、文化等领域，促进了世界新格局的发展，加速了信息化的发展进程。

我国的干部人事档案信息化产生于20世纪80年代末，起步较晚，但发展速度较快。干部人事档案的信息化是伴随着国家信息化的大背景积极发展的，信息化是国家经济、社会发展的大趋势，也是干部人事档案发展的必然要求。干部人事档案是国家档案的重要组成部分，直接关系到我国干部的选拔与调拨，所以干部人事档案的信息化建设是符合时代发展的要求的。

干部人事档案信息化发展过程中涉及的工作主要有干部人事信息数据库的建立、纸质档案向电子档案的转化、档案管理服务功能构建。这三个部分的构建需要依托软件系统来完成。干部人事档案信息化的意义不仅仅在于将信息技术与档案进行简单结合，不仅仅是将纸质档案转化为电子档案，而是真正实现了人工管理向着数字化管理的转变，这种转变具有创新性，能够改

变档案管理工作的形式。此外，档案信息化的管理还进一步提升了档案管理的科学性与规范性，能够对干部的信息进行真实性、全面性的管理，从而有效降低管理成本，防止档案造假。

干部人事档案的信息化起步相对于其他行业来说较早，信息化成果显著，并在构建信息化的过程中积累了大量的经验。

1991 年中共中央组织部颁布了《干部档案工作条例》，提出要推广以及运用现代化管理技术进行干部人事档案的管理。

1994 年中共中央组织部又颁布了《全国组织、干部、人事管理信息系统信息结构体系》，初步设计了一套干部人事信息系统软件的标准，为干部人事档案信息化的实施提供了依据。

1997 年，在全国范围内实行的深圳版的《全国组织干部人事管理信息系统》。

2000 年，中共中央组织部开始了基于图像的数字化干部人事档案系统开发的调研准备工作，并逐步开展相关的系统研发工作。

2005 年，在第四次全国干部档案工作会议上，中共中央组织部提出了要大力发展干部档案的信息化建设，建好用好干部档案管理系统，推荐干部档案的信息库建设，积极利用现代化的技术来改造传统的档案管理模式，真正提高干部档案管理工作的质量与效率。

2006 年 12 月，中共中央组织部印发的《2006—2010 年全国组织系统信息化工作规划》，提出了要制定干部的师资档案标准，建立干部数字档案信息库，并提出另外要在组织部门的内部局域网上实现领导干部档案的便捷化查询服务。

2010 年，在全国组织系统信息化建设工作座谈会上，中共中央组织部提出了要开展档案数字化工作，不断推进干部档案管理的工作，积极提升档案的利用水平。

2010 年制定了中共中央组织部《新任中管干部数字档案报送标准（试行）》，并在这一年完成了现职中管干部的数字化采集工作。而《关于报送新任中管干部数字档案的通知》，进一步规范了干部数字档案报送的标准。

2011 年，《干部数字档案采集软件》正式推行，中共中央组织部印发了《2011—2015 年全国组织系统信息化工作规划》，明确提出了要在 2015 年建成主要的业务信息资源库与党员、干部的信息管理平台，初步构建完成上下连贯、功能完善以及具备安全性能的干部组织系统，实现信息化体系的构建。

2014 年，中共中央组织部颁布了《中共中央组织部关于进一步从严管理干部档案的通知》，在其中强调，要不断地完善与创新干部档案管理的方法与手段，促进干部人事档案的数字化发展，不断提高干部队伍的档案管理水平。到 2015 年年底，要实现"绝大多数省区市实现了省管干部档案数字化，市、县两级和中央单位也在加快建设步伐"[①]。

二、干部人事档案信息化的构建需要积极改革传统的信息管理模式

就目前的高校管理现状来看，高校的人事档案信息化的程度较低，需要借助改革来促进信息化管理模式的构建。

（一）明确档案管理的主管部门，强化领导责任

中共中央组织部负责全国干部人事档案工作的宏观指导、政策研究、制度建成、协调服务和监督检查，各级地方的组织部门负责本区域内的干部人事档案工作的领导与指挥，这样形成了中央与地方的分工，同时避免了部门组织的重复出现或者档案管理人员缺失的局面。

（二）积极落实监督职责，加强宏观调控

干部人事档案作为国家档案的重要组成部分在档案人事管理工作中发挥着积极的作用，因此要纳入国家档案工作管理的体系中来。《干部档案工作条例》规定，干部档案工作，在国家档案行政管理部门宏观管理、组织协调下，由干部主管部门领导与指导，实行分级管理，同时接受同级档案行政管理部门的监督、指导。档案行政部门除了遵照相关的法律法规之外，还需要将干部人事档案管理的信息化假设纳入国家档案事业的发展规划中去，实现档案行政部门对干部人事档案工作在宏观上的管理、组织与指导。

（三）健全档案工作机构，加强档案干部的质量与队伍建设

《干部档案工作条例》中明确规定：县以上（含县）的组织、人事部门，应建立相应的干部档案管理工作机构，并负责对本地区、本部门、本系统的干部档案工作进行指导、监督和检查。每管理一千人的档案需配备一名专职

---

① 新华社.中国审核全国干部人事档案：420 名省管干部因档案造假被处理 [EB/OL].（2016-01-02）[2021-01-09]. http://www.xinhuanet.com/politics/2016-01/12/c_1117753150.htm.

干部，有业务指导任务的单位，要配备相应的业务指导人员。县以下实行集中或相对集中管理档案的单位，根据上述原则应当配备专职人员。不需要建立机构的单位，必须配备专职或以干部档案工作为主的兼职档案工作人员。

（四）完善管理体制，优化管理模式

高校的干部人事档案管理工作要按照干部管理的权限集中统一地管理干部人事档案的资料，并对本校的干部人事档案管理进行积极指导与监督。高校干部人事档案管理既可以实行高校人事部门的干部人事档案管理工作机构的管理模式——非纳入管理模式（集中或者相对集中地管理干部人事档案），也可以实行高校的综合档案管理部门（主要是档案馆或档案室）集中管理高校干部人事档案的纳入管理模式，高校可以根据自身的实际情况选择相应的模式来实现高校干部人事档案的管理工作。高校的组织人事部门既是干部人事档案管理工作的领导部门、主管部门，也是使用干部人事档案最多的部门。因此，从"便于管理，方便使用"原则出发，高校应组织人事部门设立专门的管理机构从事干部人事档案的管理工作，将所有的档案集中在一起，实现统一管理的目标。

总之，要实现干部人事档案管理信息化构建的步伐，需要进行人事档案领导体制以及管理体制上的改革，要明确高校干部人事档案工作的主管部门的职责，加强档案管理人员队伍的建设，强化组织的领导力，进一步加强干部人事档案信息化建设工作的流畅性，促进高校干部人事档案的信息化建设。

第二节　高校干部人事档案信息化管理的原则与方法

要实现高校干部人事档案管理信息化，就要构建信息化人事档案管理的相关原则与方法，其中原则是信息化构建过程中需要严格遵循的。

一、高校干部人事档案信息化建设管理的原则

高校干部人事档案的信息化建设是高校人事档案信息化建设的重要组成部分，构建现代化、信息化的高校干部人事档案系统，可以实现高校干部人事资源的优化，从高校的长远发展来看是十分必要的。高校干部人事档案信息化的建设是为了适应高校信息化建设的需要，根据高校以及社会对干部人

事档案资源的需求，运用计算机技术与网络技术进行信息的数字化处理，达到方便、快捷的目的。高校干部人事资源所涉及的工作量包括信息的搜索、录入、整合、归档等内容，也是一项巨大的工程，所以在建设的过程中，需要通过前期的科学规划与协调各方面的资源，来构建实用性的系统。

因为干部人事档案信息化的建设本身属于社会信息化的范畴，所以干部人事档案管理的信息化构建所遵循的原则，也是社会信息化所遵循的原则，两者之间有相同的适用性。其遵循的原则主要表现在以下几个方面。

（一）协调发展原则

协调发展原则主要指的是构建信息化系统的过程中，各个子系统之间要协调发展。涉及的具体工作，则包含干部信息资源的加工、存储、提取、更新、系统软件的开发与利用等多个环节。各个子系统之间的发展必须协调，所以在信息化构建过程中要实现协调发展的原则，主要表现如下：档案资源扩充上的协调发展；基础性工作上的协调发展；信息技术开发上的协调发展；服务利用上的协调发展。此外，从信息化建设与外部环境来看，也涉及协调发展的问题，要使高校信息化的进程与政府的信息化进程相一致。

（二）分步实施原则

分步实施原则是相对于干部人事档案管理信息化的长期性而言的，原因是信息化的过程需要花费一定的人力、物力、财力才能实现。由于高校构建信息化系统的实际情况不同，有的信息化资料较多，需要花费大量的精力才能完成前期的录入与整理，还有技术方面的应用与系统的开发，这些都需要时间，因此分步实施很有必要。将信息化建设的工作看成一项较大的工程，分步实施信息资源与系统功能的构建，可以使各个环节有序进行，提高工作的效率。

（三）安全性原则

由于高校干部对高校的发展有着重要的作用，在信息化构建的过程中要特别注意其安全性的构建，安全性是档案管理的前提条件，失去安全性，档案也就失去了存在的意义。干部人事档案信息化的过程中，需要处理好快捷、高效与安全之间的关系。在信息化构建中要将数字化的档案存储进行自动备份以防因为操作失误，造成档案信息的丢失。

（四）应用性原则

应用性原则主要指的是高校干部人事档案信息化建设过程中要注重档案管理的实用性。实用性即在信息化构建中通过整合处理档案信息，形成有力的资源以满足档案资料的各种需求。高校干部人事档案信息化，要将人事档案的信息进行整合、处理，建立起高校干部人事档案信息资源的共享体系。在这样的体系中，干部人事资料是档案的主要内容，呈现的是最原始的目录信息，经过计算机技术的处理，实现了信息化存储。之后在使用时，可以通过计算机进行关键字检索，实现快速、有效的查阅资料。而高校干部人事档案信息化的构建过程一般会涉及众多的环节，需要经过不同的发展阶段。一般来说，档案信息资源的搜集、整合与开发是人事档案信息化的前处理阶段，其最终的目的是实现高校干部人事档案信息工作的应用，即为档案的搜索与利用提供便利。

（五）效益原则

构建高校干部人事档案信息化的过程中，要积极贯彻效益原则。一般来讲效益原则的贯彻主要包括三个方面：功能效益、利用效益、成本效益。

所谓功能效益指的是系统功能的现实状况，它是衡量档案信息化效果的一个重要标志。高校干部人事档案信息化能否顺利地运转并服务于大众，很大程度上取决于信息功能的实现，实现程度越高，其运转的速度与效能就越好。

利用效益指的是信息化系统的利用程度。一般来说，系统中的档案信息资源的利用程度与针对性成正比，利用程度越高，针对性越强；反之，利用程度低，则针对性越弱。而这种利用程度主要取决于信息的含量以及新增信息的实效性与及时性。由于档案信息管理处在一个动态的发展过程中，需要信息的更新与增加，应及时将干部的人事信息补充到系统中，满足人事档案管理的需要，提高信息利用的高效性。

高校干部人事档案信息化系统建设是一个长期的工程，除了对系统构建的技术要求以外，也需要投入较高的成本。因此，必须考虑其成本效益。成本效益主要包括两个方面：前期的投入与后期的维护。首先，系统构建要建立在科学、可靠的基础上，要有较为成熟的技术支持，还要确保建成之后的日常费用控制在较低的标准。如果系统建设的成本较低，而后期的维护费用很高，则会导致系统维护和管理的费用不断增加，长此下去会给高校的财政支出造成巨大的负担。其次，还要考虑系统建设后的扩充与升级。系统升级的兼容性是首先要考虑的因素。如果一个系统建设得好，那么其生命周期很长，在升级的时候也较为容易；反之，系统建设差，则生命周期短，只能通过购买新的系统来实现升级，这样就破坏了成本效益的原则。可以说效益原则贯穿系统化建设的整个过程，在优化成本、提高效益上要进行前期的充分考虑，使档案信息化建设在前期准备上就有着良好的发展轨迹，这对加快高校干部人事档案信息化建设来说，有着积极的引导作用。

（六）社会化原则

社会化原则是指高校与高校、高校与社会之间不可分割的原则。高校作为社会的重要组成部分，目的是为社会输出符合社会主义现代化建设的各个专业的人才，为社会主义现代化建设提供源源不断的人才储备，所以在高校干部人事档案管理信息化建设中，要充分利用高校与高校之间，高校与社会企业、机构、部门以及民间组织的合作，依靠外在的有利资源来推进信息化建设的各项工作。

（七）数量和质量统一的原则

要构建优良的信息化系统就要实现数量与质量的统一。在信息化系统构建的过程中，要将整个高校的干部人事资源整合在该系统中，也就是系统信息化的构建必须以一定的信息量为基础，只有把高校不同学院、不同专业的干部信息汇集在一起，才能满足干部当事人不同程度的利用需求，才能显现出信息化的优越性与便利性。当然，收集的信息并不是无用的，而是具备一定质量的真实性的信息。所以，在信息化构建的过程中必须遵循数量与质量统一的原则，这一原则不同于传统意义上数量与质量统一的概念，而是具有很强的针对性。该系统实现了干部人事档案数量上的优势以及信息的齐全，也包括了信息的正确性以及便利性。

二、高校干部人事档案信息化建设的实施方法

（一）高效干部人事档案信息化建设的实施原则

高校干部人事档案信息化需要借助信息技术的应用以及网络平台的构建。在这一过程中，数字档案信息的收集及管理是其核心内容，实现档案信息的开发与利用是其最终目的。干部人事信息化建设的一个重要内容是要建

立一个标准化、功能多、安全性好、可拓展的人事档案管理信息系统。只有这样才能推进干部人事工作的现代化与信息化。在具体的实施与应用过程中，人事档案管理系统信息包含着三个重要的因素，即科学的方法、先进的手段、合理的措施。高校只有在充分理解和认识到干部人事档案信息化以及干部人事档案管理信息系统构建的必要性、迫切性以及重要性的基础上，才能实现干部人事档案管理信息系统的真正实施与合理化应用。

高校干部人事档案信息化系统构建过程中需要遵循具体的实施原则，主要表现在以下四个方面。

1. 实施的实效性

系统的实施要以务实为导向，重视系统的时效性。在实施的过程中要以安全、实用、易操作等为目标，根据高校系统构建需求的具体情况来选择适当的软件产品。

2. 要兼顾软件和硬件资源的建设

系统的实施过程是一个双向资源的建设，不仅要重视硬件平台的建设，还要注重软件方面的建设，两者缺一不可。只有硬件建设是无法开展人事信息化管理工作的，软件系统的建设是硬件系统发挥作用的基础，因此应特别关注软件系统的开发与升级。另外，还要注重人力资源方面的开发，信息化系统构建的核心力量是专业的信息技术人才以及档案管理工作者，需要兼顾信息系统的技术含量以及现代化的管理理念。

3. 从具体的需求出发

系统的构建要结合高校人事档案的具体需求来提供具有针对性的建设，通过锁定需求来开展工作。一些高校在信息化系统构建过程中，采取边研发、边实施、边改革的做法。这样反而增加了工作量，也容易脱离高校的具体需求。要想达到事半功倍的效果，就要从实际出发，一步步完成系统的构建。而对于人事档案信息的更新与增加，需要在系统构建完成之后，继续进行下一阶段的开发。

4. 重视维护与更新换代的原则

档案管理信息系统的开发，并不是一劳永逸的。随着信息系统的不断改变，信息系统的维护也变得越来越重要。信息的维护主要体现在两个方面。

一方面，软件系统的安全客户的定制工作量逐渐增大；另一方面，随着应用的不断深入，也需要进行相关软件系统的升级，购买相应的软件系统时，还需要购买实施与维护的服务。所以，系统的维护要及时，只有这样才能有效地开展工作，促进系统拓展以及服务业务的不断提升。

（二）高校干部人事档案信息化建设的实施方法

高校干部人事档案信息化系统的构建主要采取两种实施方法：一种是以组织战略为导向的战略推动型方法，一种是以实际业务需求为导向的需求驱动型方法。

1.战略推动型

战略推动型指的是在目标观念以及方向的指导下，逐步将整个工作进行阶段性的划分，通过阶段性实施的完成来实现从整体到局部的实施。采取战略推动型的策略的前提是整体的目标从全局出发，而且符合高校现有的人事管理需求。在规划上既有对未来的前瞻性又具有对现在的实用性。通常情况下，战略推动型对实施战略的管理人员要求较高，管理人员不仅要有行业发展的规划能力，还要具备信息化体系的构建能力，在档案管理构建中既要懂技术、懂业务，还要懂管理，其需要的是一种复合型的人才。

当然，真正意义上的战略驱动并不是要坚持永远不变的策略，而是需要根据具体的实施状态来进行相应的调整与完善。在实施的过程中，要掌握灵活性的原则，要求在业务发生改变时相应的管理模式也发生变化，以此来适应系统构建的发展节奏。

2.服务导向型

服务性原则是高校干部人事档案信息化管理的首要原则，因为只有凸显档案管理的服务功能，才能摆脱之前的管控思维，实现向服务功能的转化。在实现服务功能的过程中，高校干部人事档案管理的工作需要从以下几个方面展开。

（1）高校干部人事档案管理信息化的过程中，要积极实践以人为本的价值取向，要主动维护干部当事人的合法权益，其服务的功能可以贯穿档案管理的各个环节，通过对档案管理的人性化的追求来实现。高校干部人事档案管理的信息化构建要有以人为本的价值关怀，只有将以人为本的原则贯彻到高校干部人事档案管理工作中，才能实现现代信息技术真正为高校的干部人事档案管理事业服务，真正实现现代档案管理的高效性。

（2）高校信息化系统构建的过程中，要充分利用大数据的技术优势，树立和更新管理理念，遵循现代档案管理的全面性、动态性、多元性原则，使高校的人事档案信息化管理的服务功能更加凸显。高校干部人事档案在大数据时代既面临着较好的发展机遇，也面临着较大的挑战。当前，较为严峻的挑战主要是高校干部人事档案管理的理念处在一个相对滞后的状态，大数据时代需要的是档案的服务功能得到最大限度的凸显，实现服务功能，并不是一朝一夕能办到的，而是需要一个漫长的过程。一方面，高校干部人事档案信息化管理需要借鉴的是大数据时代动态化的管理理念。应该将高校干部人事档案管理工作看成一个运动的过程，而不是一个静止的状态，所以高校干部人事档案管理数据库处于一个动态的状态，其数据随着时间的推移而呈现出数量不断增多的趋势，主要包括数据库的不断更新与完善、主动跟进相关的人事变动所带来的档案的更新。对于一些每年都需要更新的资料，可以采取定时或不定时的方式进行收集，将动态化的展现细化到日常的档案更新工作中。另一方面，高校干部人事档案的管理工作要借鉴大数据时代的动态化的管理思维来实现现代化的档案管理构建。要实现档案管理的信息化、数字化，需要全面梳理管理思维，在这一过程中，要注意以下几个方面的问题。

首先，要妥善处理高校干部人事档案管理的完整性与安全性。完整性强调的是档案资料随着时间的推移而不断增加，还表现在它客观记录干部阶段性的人生经历，但随着信息的不断增多，也会存在越来越大的安全隐患。安全性主要是指是否存在信息泄露的情况，要充分做好档案信息的防护工作。

其次，要处理好干部人事档案管理中的数字化与文本化两大管理模式的关系。信息化的构建强调的是从技术方面构建新型的档案管理模式，需要的是强有力的技术支持与现代设备，传统的纸质档案的文本管理，虽然已经不能胜任现代档案管理的现实状况，但依然有其存在的价值与意义，要正确地处理数字化与文本化的关系，充分发挥各自的优势，扬长避短，实现两者的良性互动与和谐共生。

（3）多元化的管理理念的运用。高校干部人事档案管理的过程中，档案资源基于现代技术，特别是电子设备的应用呈现出不同的形式，主要表现在出现了除文本以外的大量的视频、音频、图片等，这些资源都存在档案中，因此在管理上也要采取相应的管理策略，实现多元化的档案管理，要积极构建现代干部人事档案数据库，不断培养干部人事档案管理人员的职业素养，培养他们的保密意识，实现传统方式与数字化管理方式的综合运用。多元化的管理理念带来的是高校干部人事档案管理方式的重大突破，管理者在多元化理念指导下，摒弃了原有的单一的管理理念，呈现出更多的包容性，从而迎接现代信息条件下的各种挑战。

3. 目标强化型

要实现高校干部人事档案管理的高效性，要在团队构建上下功夫。目前，我国高校的档案管理存在的一个普遍性问题是高校的数字化管理团队的缺失，相关的工作人员在管理理念、技术方面存在着较多的问题，所以要改变这一现状，就要建构一个素质较高的专业化的档案管理团队，以高效为目标，打造一支专业知识扎实、技术过硬、复合型的人才队伍。所以，管理团队的构建需要的是符合时代潮流与高校发展的团队，主要表现在以下方面。

首先，是专业化团队的构建。现代社会的岗位逐渐朝着专业化的方向发展，主要表现在管理人员需要具备专业的档案管理知识。

构建专业化的档案管理团队需要得到学校领导层面的足够重视，这是高校干部人事档案信息化管理的前期保障，如果领导对档案管理工作不够重视，特别是对干部的档案管理工作不重视，就很难引起高校各学院的重视。以往学校领导层面对档案管理工作不够重视，主要表现如下："一是学校难以安排人员，二是按各种政策需要学校照顾的人员"[①]，而这些现状对干部人事档案管理的岗位同样适用，有的甚至是高校的人事档案与干部人事档案都是这几个有限的人员共同管理。所以，要构建信息化的干部人事档案管理，需要在人才队伍上加强构建与优化，高校的领导要充分运用信息化档案构建的成果，实现高校干部人事档案管理的价值。

构建专业化的档案管理团队需要制定明确的档案管理人员招聘条件。专业的管理团队需要明确高校人事档案管理人员招聘的程序设计及素质要求，这是实现专业化团队构建的关键因素。高校人事档案管理团队要实现其核心竞争力的优势，就要加强档案管理的相关素质的构建，招聘相关的人员来扩大团队的规模以及提升团队的整体素质。

构建专业化的档案管理团队需要提高高校干部人事档案管理人员的专业技能，这是高校干部人事档案管理的重点，因此高校干部人事档案管理部门需要投入专项经费用于档案管理人员的专业技能的提升，只有进行相关的培训与学习，才能充分利用现有的技术设备、充分发挥现代技术的服务优势。

---

① 俞平.试论高校人事档案的数字化 [J].科技信息 ,2013(23):254.

其次，要不断培养复合型人才，将人员的综合能力作为管理队伍构建的一个参考标准。现代信息技术对高校干部人事档案管理人员提出了更高的要求，主要表现在对复合型人才的需求越来越强烈，所以要加强管理人员的综合技能的提升。技能的提升一方面可以通过专业的技能培训来实现，不断丰富高校干部人事档案管理人员的理论知识与实践经验。现代的高校干部人事档案管理人员"不仅需要具备图书、情报、档案学的专业知识，还需具备现代信息技术应用能力、信息加工处理能力、计算机网络和日常使用及管理维护等方面的知识"①。由此可以看出，高校干部人事档案管理的工作对相关的管理人员的要求较高，需要其具备多学科的知识及能力。因此，高校干部人事档案管理的过程中还要注重管理人员综合能力的培训，逐渐将培训发展为常态化、长期性、制度化的一个重要形式，既在实践中不断完善培训的理论，又将理论不断地应用于实际的干部人事档案管理中。管理人员的技能还可以通过其与外界的交流与学习获得，可以借鉴已经取得成果的高校的构建经验。目前，部分学校已经在高校干部人事档案管理上取得了较大的成就，所以高校可以通过交流的形式来学习其他高校在数字化管理团队构建上的一些宝贵经验。同时，高校干部人事档案管理团队需要加大吸引人才的力度，将复合型人才扩充到高校干部人事档案管理的团队中。

总之，高校要从管理人员的专业化、综合技能培训、积极培养复合型人才等方面进行专业团队的构建，这样才能实现高校干部管理工作的管理能力的综合提升。

4. 安全导向型

安全导向型主要指的是高校干部人事档案数据库的构建，因为高校干部人事档案数据库的安全不仅涉及高校干部的个人利益，还涉及高校人事管理部门用人上的安全，从大的方面来说，还关乎社会主义教育事业的未来走向。所以，高校应提升干部人事档案管理数据库的安全性，在安全的基础上发挥高校干部人事档案管理的服务功能。当前的高校干部人事档案信息化构建，要将安全性作为应该首要注意的问题。

高校干部人事档案信息化数据库的安全性需要从以下几个方面来把握。

（1）注意数据库的功能开发，减少安全隐患。目前，高校的干部人事档案管理信息化的过程中还存在着功能上的不足，这些问题直接导致了高校干

---

① 张梅秀，仲英涛，魏娟.高校人事档案数字化建设探析 [J].科教文汇，2010(5):184.

部人事档案管理的风险问题，因此要加强功能上的开发与完善，力求在源头上降低数据库面临的风险，增加其安全系数。功能的开发可以从安全认证系统上下手，对相关的高校干部人事档案当事人所涉及的隐私信息，进行更高一级的隐私保护，增强数据库的安全性。除此之外，还可以通过制定安全性能较高的档案数据库系统软件，采用格式统一的方式进行存储，使数据库的分析与处理功能得到进一步改善。

（2）规范档案管理人员的管理行为，减少操作风险。高校干部人事档案管理数据库的安全性在很大程度上与相关的管理人员有关。人为操作的风险主要表现在因为操作不当所导致的信息遗失或删除，这样的情况在档案管理工作中较为常见。要防范人为操作带来的问题，就要增强高校人事管理人员的安全意识，对相关人员进行安全性的强化。一方面，要制定出高校干部人事档案管理的规章制度、管理细则，在实际的档案管理工作中加强档案的安全性教育，提高管理人员的安全意识。另一方面，要加强与人事档案管理相关的安全意识及安全技能的培养。安全意识的培养主要在于培养档案管理人员对档案管理安全的重要性的认识，指导其在具体的管理过程中通过谨慎的态度来管理干部人事档案，细化管理工作，对较为重要的信息要进行备份防止丢失。所谓安全技能的培养强调的是在实践的过程中，学习具体的档案管理技能，实现整体管理水平的提升，最终促进高校干部人事档案管理的安全性构建。

（3）顺应时代要求，将新的硬件及软件设备投入高校干部人事档案管理中去，保障高校干部人事档案信息化的安全性构建。高校干部人事档案管理信息化的构建，需要硬件设备与软件设备的同时配合，在保证两者安全运行的前提下来实现干部人事档案管理工作的顺利开展。其中，硬件设备如电子设备可以实现档案形式的多样化呈现。高校软件与硬件的建设需要较强的资金的支持，需要不断更新软件与硬件系统，才能实现与时代的同步发展。

软件的开发对实现高校干部人事档案管理工作的便利性与安全性有着重要的作用。软件系统的开发为高校干部人事档案管理提供了多样化的管理服务，可以增加人事档案信息数据库的选择范围，实现硬件系统与软件系统的互相配合，大大降低了高校干部人事档案数据库面临的风险。在数据存储的过程中，高校主要提供相对安全的信息存储载体和存储的平台，以降低数据库的安全隐患，维持高校干部人事档案管理的正常运转。

（4）要不断提升管理技术及管理手段，降低数据库的安全管理风险。评估高校干部人事档案管理工作的先进性，很大程度上要依赖数据库的管理技术及手段，管理技术及手段不仅关系到高校干部人事档案数据库的内容建设，还关系到人事档案数据库的安全性建设。要提升高校干部人事档案技术及管理手段，就要加大对管理技术研发及实践的力度，需要高校提供专项的研发基金进行专门的技术人才队伍的搭建，如数字认证技术、数字加密技术，这些技术的运用，可以有效地保障数据库的安全。此外，要加强各种管理技术的优势的整合，这种整合具体表现在发挥优势，规避不足，实现多种管理技术及手段的整合，这也是提高高校干部人事档案管理的安全性的一种手段。

5. 规范管理型

高校干部人事档案管理信息化构建的最终目标是实现高校干部人事档案管理的现代化，并能与高校的实际情况相结合，最终外化为高校的档案服务功能的实现。高校干部人事档案管理工作的管理制度是其有效开展的制度保障，制度的规范与约束将使高校干部人事档案管理工作有章可循、有据可依。以规范为主导的干部人事档案管理，要求理顺总体的管理框架，制定相应的日常管理制度以及相关的配套制度，引导档案管理朝着以服务为导向的方向发展，促进高校干部人事档案管理的信息化、数字化建设。要实现管理制度朝着规范化的方向发展，需要在以下几个方面进行完善。

（1）制度的设计要将服务价值取向作为首要的设计理念。高校干部人事档案的管理，要以现代干部人事档案管理制度为指导。我国先后印发了《干部档案工作条例》《中华人民共和国档案法》等，这些都是制度设计的参考性文件，需要结合高校具体的情况来制定，在遵守相关的法律法规的同时，还需要充分发挥高校干部人事档案的服务性功能。尤其在现代技术条件支持下，高校干部人事档案的信息化构建是未来档案管理发展的必然趋势，所以高校必须将制度建设作为规范高校档案信息化建设的重要保障。然而，目前的高校在信息化管理上仍然处在较低的水平，欠缺总体的规范制度，制度理念仍然处在一个管控的范畴，需要更多服务理念的更新。在未来的制度构建上，要使制度与社会主义市场经济体制相适应，通过构建完善的制度来满足高校干部人事档案的实际需求。

"通过改革和创新，使人事档案管理制度的功能由过去凌驾于个人之上，对人实行简单的控制，逐步转化成为为人的发展与流动提供相应的信息、信用证明和服务。人事档案管理制度只有削弱控制功能而强化服务功能，才能真正实现对人的宏观管理，从而全面提升人事档案管理工作的层次。"① 若要人事干部人事档案的发展实现服务功能，就必须转换原有的管控模式，逐渐发展为服务型的信息化构建。

（2）高校干部人事档案管理要以规范化的制度作为依据，真正实现档案管理在制度的指导下，有章可依、有理有据。在高校干部人事档案管理的过程，需要构建总的管理制度与日常管理制度，即整体与具体的同时开展。高校干部人事档案具体的管理制度，可以促使档案管理人员在日常的管理中规范、科学地管理档案。因此，在制定日常的管理制度时，要在档案归档、档案甄别、档案转换、档案保管、档案分析、档案利用等环节进行细化，规定在这些环节中应该注意与遵守的内容。结合时代背景，大数据技术引领下的高校干部人事档案管理，要努力适应高校干部人事档案管理的信息化构建，不断完善与创新高校人事档案管理制度。

（3）制度文化与配套制度的进一步完善，为高校干部人事档案管理信息化构建提供了良好的外部环境。高校干部人事档案管理的制度文化的发展方向要实现由管控向服务的转变，要加快以服务为主导的制度文化的构建。服务功能的开发需要现代干部人事档案数据库的构建，并不断引进先进的信息化、数字化的管理技术，营造适合档案发展的积极的外部环境。另外，配套制度的制定也是高校干部人事档案制度构建的主要因素。要合理制定高校干部人事档案管理人员的绩效考核标准，提高管理人员的积极性，利用现代技术，及时修改相关的环节，优化系统设置，实现档案管理的高效性。

第三节　高校干部人事档案信息化管理采取的措施

高校在实现干部人事档案信息化管理过程中采取的具体措施十分重要，直接影响着信息化系统的构建。一般来说，实现干部人事档案的信息化管理要从档案的需要、档案系统的有效性、档案管理的过程化以及安全方面着手。

一、需要型措施

人事档案的信息化管理需要借鉴其他信息化程度较高的工作，高校应选

---

① 　沈卫.论社会转型时期人事档案管理制度的改革与创新 [D].复旦大学 , 2000:29.

择适合本校发展的信息化建设系统，在借鉴优秀信息化系统的同时加入本校的具体需求，实现信息化与客观需求的有机统一，从而使高校的干部人事档案信息化管理最终为高校干部人事档案的顺利开展做出重要贡献。

二、有效化措施

有效化措施指的是在信息化系统构建的过程中结合本校的实际情况，确保系统的构建能真正为高校的干部人事管理提供便利。就目前的高校干部人事档案信息化管理的构建来说，各项措施的实施均要以有效化的形式展开，避免特别注重某一方面的构建，从而形成片面的管理。例如，在技术上，要衡量现有高校的档案管理系统的技术优劣。如果高校的技术处在一个较高的水平，则可以采取自主与外包相结合的方式进行系统的构建，对于需要花费大量精力的系统，可以找较为专业的资源建构，以降低实施的成本，在进行系统开发时，高校的档案开发人员还可以参与其中，了解系统软件的细节，有利于日后的维护与升级。对专业性不强、技术含量较低的系统，可以采取自主开发的方式，设计较为简单的流程，开发周期较短的系统，这样可以在自主开发的同时培养高校档案管理人员的技术能力，无形之中为之后的信息化系统的构建、维护与升级打下基础。如果高校在技术方面处于劣势，就应选择现成的软件系统，避免在独立开发上花费过多的精力，同时可以采取外包的形式，充分利用专业机构的资源优势，将其研究成果直接运用到高校的人事档案管理之中。

三、过程化措施

高校干部人事档案管理信息系统的构建是一个过程，这一系统的构建过程中，也是其他过程的实现过程，因此需要加强以下几个方面的构建。

（一）规划的过程

高校干部人事档案管理信息系统的构建要从高校人事档案的客观需求出发，根据需求来制定总体的规划，其中包含多方面的规划的制定：总体的规划、信息安全的规划、资源构建的规划、系统功能的规划等，需要在了解人事档案构建背景的基础上开展针对性的工作。

（二）与时俱进的过程

高校干部人事档案的管理工作是高校人事档案管理工作、高校档案管理工作、社会人事档案工作的重要组成部分，信息化的重要性与意义在于能为高校带来干部人事档案管理上的便捷性与安全性，有利于"人尽其才"，高校管理的信息化建设，也将成为符合当前高校、社会人事干部发展的潮流，从而为档案的信息化建设做出卓越的贡献。

（三）管理能力逐步提升的过程

干部人事档案的信息化需要一批具有较高专业能力的技术人员，他们在管理人事档案的过程中能正确使用系统，并积极维护档案管理工作的安全，对档案管理过程中的技术问题，能迅速提出解决方案，确保干部人事档案管理的快捷性与安全性。

（四）积极示范的过程

高校开展的干部人事档案信息化构建可以进行小范围的试点操作，如根据工作的需要，选择较为重要的部门实施，通过示范点，形成一个良好的开端，达到以点带面的效果，进而实现高校干部管理工作的全面突破。

（五）开发、扩展系统的过程

在充分了解高校人事档案管理需求的基础上，选择后续的售后服务较好的软件与硬件公司，可为以后的系统升级提供保障。

四、安全保障措施

高校干部人事档案管理所依托的是现代网络软件以及信息管理系统，而这两大部分容易引起安全方面的隐患，主要表现在黑客的攻击、病毒的蔓延以及信息的窃取等方面。目前，高校人事档案信息化过程中存在着安全架构不合理、档案制度不够完善、管理不够规范以及措施实施不到位的情况。这其中既有主观方面的因素，也有客观方面的因素。最主要的因素是因为目前高校干部人事档案信息化建设局限于初级阶段，其安全意识尚处于薄弱的环节，技术方面不成熟，安全性较差，因此高校干部人事档案信息化的构建需要在前期的规划中将安全防范意识放在首要的位置进行考虑，考虑的过程中要全面规划、认真分析实际操作中可能会出现的安全隐患。在管理过程中，一些机密的人事档案的责任要落实到个人，通过加强技术方面的防控，来提高档案的安全性，最终实现高校干部人事档案相关的系统的安全。

五、兼顾型措施

兼顾型措施指的是高校干部人事档案管理系统的构建要兼顾以人为本的理念以及标准化的实施。当今时代是一个以人为本的时代，以人为本的理念越来越受到世界范围内人们的广泛关注。随着市场的进一步细分，人们的需求也呈现出多样化的特点，需要个性化的产品、个性化的界面及个性化的业务流程来满足档案个性化的需求。而档案信息化实施的前期工作是要制定档案信息化管理标准，依据国家相关的法律法规来制定规范化的管理模式，以人为本与规范化可能存在矛盾的部分，因此在档案管理系统构建的过程中要处理好个性化与标准化之间的矛盾。这就要求在实施的过程中找到一个平衡点，这个平衡点既能满足个性化的需求，又能满足人事档案管理的规范化追求，使人事档案业务与信息技术之间融会贯通。在构建的过程中档案管理部门应该制定出符合时代特征的标准与规范，档案管理工作者也应该严格遵守行业的规范来积极开展档案管理工作。个性化应在标准化的基础上根据管理需求进行扩展。这个扩展是建立在标准化的基础上，充分考虑了系统的安全与使用的方便建立起来的。当个性化与标准化产生矛盾时，要优先考虑标准化的原则，尽量使个性化在标准化的基础上进行优化，保证人事档案信息化建设的顺利开展。

六、应用性措施

高校干部人事档案信息化建设的最终目的是为了高校人事档案管理工作的顺利开展，更好地利用高校干部的信息资源实现干部资源的优化配置。但在实施的过程中容易造成信息化建设与人事档案业务管理脱节的现象，即把信息化与干部业务管理分离开来。这种现象的出现通常是由两种情况导致的：一种情况是信息化管理的宣传没有落实到业务部门，所以业务部门只闻其声，而不见其执行——业务部门的管理人员仍然按照传统的工作方法及思路来开展人事档案的工作。有的高校在信息化构建的过程中，只是把部分档案信息的目录录入系统中，而系统的运行及查询只是表面形式，没有真正起到利用与服务的作用。另一种情况是所购买的信息软件只是开发出较少的一部分进行利用，如基础的信息以及查询模块等，而对整个系统的管理过程尚处于模棱两可的阶段，导致了系统的信息化程度较高，而信息化使用的部分很少。在具体的档案管理中，只限于通过目录数据的导入，来实现基本的搜索功能。而档案信息系统中大量的功能，如流程化管理、全文管理及全文搜索等几乎没有使用。信息化系统本身处在不断变化之中，信息在运行一段时间后还会面临着更新换代，这就造成了成本的投入与回报比例严重不符。以上两种情况是对信息化理解不够完整的不良后果，是本质上没有认同信息化。因此，在工作中使信息系统的建设与业务管理呈现出分离的状态，就造成了资源的浪费。这两种情况的产生不仅没有带来人事档案信息管理的便捷，反而成为管理人员的负担，非常不利于人事档案信息化建设。因此，高校干部人事档案系统管理应该落实到具体的实践中，为高校干部人事管理所利用，真正实现其服务功能的转化。

第四节　高校干部人事档案信息化管理的过程及策略

高校干部人事档案管理的信息化构建是一个过程，具有长期性、复杂性与艰巨性特点，需要实施相关的策略，通过解决实际档案管理过程中遇到的问题来真正提高档案管理的工作效率。

一、高校干部人事档案管理的过程

（1）战略层面上，在实现高校干部人事档案管理信息化的过程中要明确干部档案信息化与国家信息化战略之间的关系。高校干部人事档案管理信息化与国家信息化战略之间具有密切的联系。首先，国家档案信息化战略与高校干部人事档案信息化战略的关系是国家信息化战略为高校干部人事档案管理的目标、发展方向、业务规定、拓展层次等提供了参考；国家档案信息化战略描述了档案信息化的目标、方向、信息体系结构、技术路线、操作方法、信息化过程的内部操作标准、软件系统的评估方法、考核的指标体系等众多的软性规划和软性策略。其次，档案信息化规划与高校干部人事档案信息系统的规划之间有着密切的联系。高校干部人事档案信息系统的执行，既是国家档案信息化规划的具体表现，也是其具体的执行过程。高校干部人事档案信息系统的执行是档案信息化规划具体的软件与硬件系统的设计过程，在档案信息化规划的指导之下，通过对总目标的分解，将战略规划分解到不同的环节及业务中，制订系统的实施计划，确定系统的组织管理、选型方案、评估标准及过程控制方法。总之，高校干部人事档案管理系统化的建设是国家信息化建设的重要组成部分，同样也促进了国家信息化建设的实践。高校干部人事档案信息化的实施标志着国家层面的战略已经转移到具体的实践中，也表明了信息化战略的正确性，促进信息化建设进入实质性的运行阶段，保障了档案信息各方面的顺利开展，实现了档案服务功能的优化。

（2）构建的过程中，高校干部人事档案管理信息化具有长期性、复杂性与艰巨性的特点。高校干部人事档案管理系统的构建是以干部人事档案的客观需求为出发点，以提高档案的利用率以及服务价值为宗旨而开展的一项现代化的信息革命。高校干部人事档案管理系统的构建的最终目的就是要提高人事档案的信息化水平，使高校干部人事档案资源得到共享，实现其应有的服务功能以及社会价值。在实际的工作中，高校干部人事档案管理人员应在思想上认识到人事档案信息化建设是一个长期的过程，具有复杂性与艰巨性，需要将其放在一个较大的环境下进行考虑。

首先，干部人事档案管理人员应该在思想上充分认识到信息化的过程是一项长期的、具有划时代意义的创新性工作。档案管理与信息技术的结合符合当今时代互联网普及下的管理模式，能够充分地挖掘人事档案资源，体现其内在价值，对推动高校发展、促进社会进步和经济增长都具有积极的作用。干部人事档案管理人员应该充分认识到干部人事档案的价值，认识到对高校各项建设以及综合实力提升的意义。干部人事档案信息化会给高校各级领导以及基层的工作人员带来工作上的便利，使每个人能从档案上受益，所以档案管理工作者要加强思想上的认识。

其次，档案管理人员的业务能力也需要进一步加强。管理人员的业务能力与思想认识同等重要。要实现高校人事档案信息化就要求档案工作者必须是懂技术、懂业务的复合型人才，档案管理者在建设信息管理系统的工作上，要熟悉档案管理信息化业务，逐步掌握各项技术与管理知识促进高校干部人事档案信息化构建。高校干部人事档案管理既为干部提供了越来越便利的资源查询方式，也为高校干部人事管理工作提供了重要的参考，加快了对干部的考核工作，实现了干部资源的优化利用。

再次，要加强网络信息技术相关内容的培训。由于人事档案信息管理系统处于一个动态发展的状态，其更新的速度较快，档案管理人员必须通过加强相关的网络技术方面的学习来提升自己的管理水平。档案的信息化本身就是一个较为复杂的系统，其包括可行性的认证、系统的规划、详细的设计、编码实施应用和持续性的维护等多个阶段的内容，每个阶段所涉及的专业技术知识也较多，所以无论是管理人员、操作人员、技术人员、系统开发、系统设计等都需要清楚和明了信息化系统的各个环节，通过重点掌握业务范围等来不断加强自身的业务水平，确保人事档案管理工作的继续开展以及不断完善。

最后，要加强档案信息资源的不断构建。人事档案信息化的建设所涉及的内容众多，且这些内容会随着时代的变化而不断地丰富。因此，档案信息化无论是在技术上的更新还是内容上的更新都需要不断地完善，其是一个动态的过程，并不存在一劳永逸的状态，所以档案信息化建设所面临的任务是异常艰巨的。当今时代，信息资源已经成为社会重要的资源，国家对干部人事档案也越来越重视，档案信息作为一种真实的、原始的信息正在发挥着越来越重要的作用。因此，面对不断更新的内容，档案管理人员需要做的是对新产生的电子文档采取合理的管理方法，利用现有的信息技术手段及时收集、认真管理。

（3）资源的整合上，高校干部人事档案管理信息化需要整合各方面的资源，因此需要不断加强干部人事档案的资源建设。

①人才资源的建设。高校干部人事档案信息化管理系统与传统的档案管理相比，其涉及的知识更广泛，难度也更大，需要积极改变原来的档案管理理念，赋予干部人事档案信息化理念。现代管理在档案管理的体现上主要表现为档案归档的自动化、信息收集的标准化、信息著录的一致化。

现代干部人事档案的构建要求档案管理者利用现代技术充分了解现代网络的两面性，即在认识到网络的优势的同时注意到网络的安全性问题。档案管理信息系统为提高高校的干部档案管理的效率与质量提供了便利，达到了资源上的共享。有了档案管理系统，档案管理人员可以在兼顾档案管理的基础上，将工作的重心转移到业务提升及深层次的档案利用上，真正实现档案管理由被动管理到积极服务的转化。要构建一支现代化的干部人事档案管理队伍，就要不断提高档案管理人员的基本素养，提升其业务与技术能力，培养与信息化系统构建相匹配的管理人员。对于现有的档案管理人员，可以通过相关的信息化培训来提升管理人员的技能。此外，还需要招聘专业的人员不断扩充档案管理队伍，尤其是与信息技术、网络技术相关的人才，使信息技术与高校干部人事档案管理相结合，实现业务上、技术上的精通，最终推动管理工作向前发展。

②信息资源建设。干部人事档案管理信息化的基础性内容是数据及信息，离开了这两个前提，干部人事档案的信息化就成了无源之水、无本之木了。在实践过程中，高校干部人事管理的相关部门应该重视基础资源的建设，基础资源的建设关系到未来高校干部人事档案的信息化程度，所以基础资源的建设显得尤为重要。基础资源建设在开始之前，要进行整体的规划，

详细列出信息化建设的目标及建设的要求，之后再进行针对性突破。有一些高校因为没有明确的信息化构建目标，导致买回来的设备及软件只使用了一段时间就面临着淘汰的结局，这样会造成资源浪费，也增加了高校的开支。

对数据加以系统化整合，也是高校干部人事档案系统构建的重要模块。数据的整合需要在标准化、规范化的要求下展开，以实现共享为最终目的。

③安全资源建设。安全性一直是干部人事档案管理的重点，高校干部人事档案管理工作的目的是在安全的基础上实现档案的服务功能。一个较为安全的数据环境空间是开展工作的前期保障。目前，高校干部人事档案管理在管理的过程中要将电子文件存储在服务器中，这一环节会产生相关的数据管理的工作，防止数据出现差错。所以，在进行系统构建的同时应特别防范安全问题，要对档案管理信息系统实施安全保障措施，保障数据信息的安全。

二、高校干部人事档案管理的策略

目前，高校的干部人事档案作为国家重点建设项目被提上了日程，各大高校都在紧锣密鼓地制定与规范干部人事档案管理工作的各个环节。高校干部人事档案是非常重要的，它是党、高校等教育培养、任用选拔、管理监督、评鉴干部的重要依据。有了人事档案，干部的基本经历以及政治经历就得到了客观的反映。近年来，随着现代科学技术不断向前发展，国家也在积极推进干部人事档案的建设，尤其是推动信息化建设的步伐。在档案信息化建设的关键时期，高校要不断加快人事档案的数字化进程，推动高校干部人事档案实现管理标准化、科学化、现代化。目前，在高校范围内广泛开展干部人事档案的管理工作，成为新时期高校组织人事部门的重点工作之一。

干部人事档案管理应该在当下如何开展，将朝着什么方向发展，是目前高校干部人事档案管理首先需要明确的内容。根据《干部人事档案工作条例》的具体要求，依托现代数字化的技术与管理方法，结合当前干部人事档案面临的基本问题，可以实施的策略如下。

（1）针对高校干部人事档案收集难度较大、材料较多的现状制定相应的策略。高校干部人事档案的工作涉及干部成长所需要的各种材料，包括简历、自传、学历、政审情况、考核情况等，其内容较为全面，材料也较多，目前大多数的资料是以纸质的情况存在的，加上干部的不同时期可能分散在不同的地方与组织，收集起来的难度要比一般的资料的难度较大，而且有可能面临着收集不全的情况。

针对以上情况，主要采取主动收集以及形成数字档案的方式来解决。

①主动收集。传统的干部人事档案的收集难度要比一般的人事档案困难，主要表现在传统的干部人事档案，需要实现跨部门、跨学院的收集，所产生的客观因素有很多，收集起来的难度较大。而现代干部人事档案管理工作的开展结合组织的具体情况，构建相关的干部人事档案网络，使材料的收集实现了网络化的传输，这样跨部门的沟通与收集工作可以放在互联网环境下进行主动收集，大大降低了人力成本，同时提高了高校的档案管理效率。

②形成数字档案。数字档案的生成要借助现代技术手段，运用图片扫描、图像处理、文字提取等方式来实现数字化的干部人事档案管理，数字档案构建的主要工作是完成纸质档案向电子档案的转化，将干部人事档案转化为数字文本及数字图像相结合的档案，经过严格的审核，保障数字化的干部人事档案同纸质形态档案具有相同的真实性与完整性，同时在内容展现上更趋于多样化，在档案更新的速度上也明显优于传统的档案管理。

（2）高校干部人事档案管理工作存在的明显问题是归档的标准不统一，导致在利用的时候出现问题，给管理上带来了难度。就干部人事档案的分类来说，其可以分为十大类，这些材料是干部的阶段性经历展示，涉及的内容比较全面，但这些资料多是由各地、各组织呈上来的资料，在具体归档规范、管理规范上存在着不小的差异，所以收集过来的资料存在着归档材料表格不统一、材料要求不同、格式上存在差异等，这些问题严重影响了档案管理的规范性。例如，有的干部人事档案的材料出现重复，有的干部人事档案资料缺少内容，最终导致档案呈现出不完整的状态。而且，未来的档案需要不断更新，如果前期管理混乱，势必会影响后期档案更新的及时性、查询以及应用的便利性。要解决归档标准的问题，可以在以下三个方面改进。

①严格审核。高校干部人事档案在归档前，需要按照学校档案管理的相关规定，对干部的人事档案资料进行严格的审核。在归档的时候，要判定材料的真实性与是否应该归档，还要审查材料归档的手续是否完备等，对不符合相关规范的材料应该进行相应的材料的补充，确保材料的真实性、完整性以及准确性，严格把好干部人事档案相关资料归档的"入口关"。

②统一归档。统一归档主要指的是数字归档与实体归档的统一。通过高校构建的干部人事档案管理信息化系统，对纸质的、实体的档案进行数字化采集，生成数字化的档案形式，对数字档案进行上传或录入，并按照相关的制度对档案进行分类归档，从而实现实体档案与数字档案的统一化、标准化归档。

③同步管理。同步管理是信息化时代档案管理信息化的一个显著特征，

通过统一的干部人事档案管理系统，对实体档案、数字档案两大档案类型实施同步、动态管理，这就要求高校及时更新干部人事档案的相关信息，包括职务变动、工作情况、继续教育情况、奖惩情况等动态信息，实现同步管理，保持档案的实用性。

除了以上的方式，还可以采用信息化技术，如实现实体档案的快速定位，通过互联网实现数字档案的快速查找与获取功能，使干部人事档案管理工作实现其服务功能。

（3）高校的干部人事档案管理与一般人事档案管理的区别之处在于高校干部人事档案管理的机密性高，安全管理要求更高。干部人事档案资料中涉及个人经历、考核材料、政审资料等相关的内容，这些都属于干部的个人隐私，需要保密保管。这些资料不对外公开，一般人无权查看，只能在工作需要的情况下，才能查阅，而在进行查阅前也要有手续较全的审批流程。这些都对高校干部人事档案管理的工作提出了更高的要求。在管理需要保密的材料时需要注意以下几个方面的内容。

①要规范相关的保管规定。要按照相关的规定，结合高校干部的具体情况，在档案查阅、借用等方面细化审批与流程，真正实现规范化。

②流程化借还。干部人事档案管理信息化系统中要建立标准化流程，要在档案资料申请、审批、查阅（借阅）等方面进行全面的规范。自动化流程表现在系统自动登记借出、归还的时间，实现智能化追踪。对即将到达归还日期的档案还为未归还的，还能设置归还提醒功能，实现流程化借还体验。流程化借还的实施，既明确了档案的存在状态，也规范了档案管理的流程。

③权限管理。权限管理主要指的是对系统实行权限管理，权限的设置是基于工作的具体需要，为不同的档案管理人员提供不同的操作权限，以此来保护干部的相关保密性文件。权限的设置避免了不具备权限的人员进行操作，造成档案的遗漏与丢失。在保证信息安全的同时，防止他人的篡改与伪造。

第五节　高校干部人事档案信息化管理的步骤

项目组织、项目团队、项目资源、项目进展、项目质量是与高校干部人事档案管理信息化构建的相关因素，通过系统的规划、开发、设计、实施、应用、培训、检验与验收、评价等环节可完成整体系统的构建。

一、高校干部人事档案管理构建的相关因素

（一）项目组织

项目组织在实现高校干部人事档案信息化管理过程中起着重要的作用，一个项目要想顺利地开展，需要不同的领域、多个方面的支持，为了确保每个项目的进度，不仅要把好质量关，还要有资金的投入和有效的监管，所以在项目的实施过程中会涉及建设方、用户方和监理方三方的利益。

建设方：指的是承担高校人事档案系统建设的集成商、软件系统的开发商，其职责是提供商品化的产品，给高校的档案信息化建设提供可行性的解决方案，根据高校具体的实际需要提供适合其档案信息化建设的软件支持与相关的咨询及培训服务。

用户方：指的是系统的开发对象，用户方是档案信息开发系统的最终使用者，其主要职责是根据自己的需求设立项目，配合信息化系统的整个开发环节，并有选择供应商、开发商以及软件、硬件产品的权利。用户方既是项目系统开发的出资方，也是项目的使用方，是系统开发之后的最终受益方。

监理方：指的是用户方聘请的项目实施顾问以及项目的质量监督方，其主要职责是掌控整个系统的进度、质量、成本，维护用户方的利益，通过监督系统建设的各个环节，来降低系统开发的风险及成本，保证系统开发的顺利开展。

可以说，信息化系统的构建离不开以上三方的共同参与，需要积极协调各方的利益，选择三方利益的平衡点，积极推进人事档案的信息化系统构建，最大限度地调动三方的积极性，共同推进三方的工作，加快系统项目的开发。

（二）项目团队

项目的系统开发需要一个强有力的团队作支撑，并且这个团队里的成员可以有序地展开建设。项目的团队所涉及的范围较大，几乎所有的项目相关者都包括在内，还包括项目实施的每个阶段的组织及团体。

目前，我国现有的档案信息化建设项目团队基本上形成了两套体系：信息管理组织体系和行政业务管理体系。这两大体系在未来发展的趋势是逐渐融合，目前存在的最大的问题是在项目构建的过程中，业务管理和信息化的应用存在着观念及认识上的差异，需要不断地调整。所以，未来系统构建团

队的领导层，需要的是复合型人才，要既懂得项目业务又精通信息化，实现档案业务与信息化管理的融合，这将大大提高工作效率。

（三）项目资源

档案信息化系统的项目资源，不仅包括支持项目开发的人力资源、资金资源、技术资源、环境资源，也包括档案信息化建设过程中不断产生的 IT 资源，如网络、服务器等硬件设备，操作系统、应用系统等软件资源，还包括档案信息资源。这些资源需要随着项目的进展不断地进行调整，有些资源在用完之后要及时追加，有些资源出现积压要及时统筹利用，这样可以实现资源的合理利用，项目资源利用得好会有效降低档案信息化建设的成本，实现各个环节资源的合理利用，同时在资源的利用过程中促进了部门之间的关系发展。

（四）项目进度

项目进度的安排根据项目的目标进行规划，规划之后便是执行阶段。规划清晰的项目，其职责具体到每个人，可以有效促进项目的开展。有时系统构建过程中由于档案管理机构内部的协调不够，没有根据变化及时调整项目的进度进而影响系统构建。所以，项目的开发要进行严格的分工，明确个人的职责范围。

（五）项目质量

项目的质量，关乎用户方的未来使用体验，所以在项目实施过程中一定要把好质量关，质量的好坏不仅影响着用户方的根本利益，还会影响供应商与开发商的声誉，因此设计系统开发的所有成员都希望系统的开发最终以高质量的面貌展现出来。现实的项目开发中，由于人们的认知程度存在着差异，很达到统一的质量标准，各方之间要解决这一问题就要进行充分的沟通，包括宏观的系统规划与微观的各个实施步骤，最终确保项目的整体质量。

二、高校干部人事档案管理信息化系统构建的步骤

（一）高校干部人事档案管理信息化系统规划

规划是项目能顺利开展的基础与前提，规划不仅指导项目的建设，还

对项目的创新性与可行性都进行了详细分析，还会综合考虑项目的难点、重点，促进项目朝着期望的方向发展。系统的规划阶段的主要工作有工作团队的组织、系统实施的进程计划、信息系统部署方案的确定以及资金的分配使用方案，还包括人力资源、行政管理、技术支持的协同以及对项目实施过程的风险估计。

（二）高校干部人事档案管理信息化系统开发

项目的系统开发的最终目的是满足高校信息化档案构建的需求，因此开发的前期需要了解市场上需要的软件系统，包括该软件系统对档案管理的意义，软件系统的优点与缺点，前期的市场调研需要的管理人员、管理信息系统的研发人员、系统的实施人员，等等，这一阶段需要多方面的沟通，形成整个系统的确切性需求。这一时期的档案管理人员的主要职责是能结合高校当前人事档案的现状提出需求，包括当下的需求与未来发展的设想。在需求阶段需要做的工作内容如下。

1. 对高校组织架构的了解

对高校现有的机构设置与管理模式有一个清晰的认识，在满足机构间的基本需求的基础上，确定系统的总体布局方案，包括信息系统构建的结构，结构包括运行结构、框架结构。

2. 对高校的人事档案管理信息化需求的调研

要充分考虑用户方的需求，了解用户方对软件的实际需求，并根据用户的需求编写相应的规格说明书及用户手册，确定验证的标准，研究用户对系统的性能、质量、可维护性等方面的要求，以及用户界面和目标系统的使用方法。

3. 对高校档案管理设备的信息化程度做出评估

在具体的调研过程中，要对高校目前的硬件及软件的运行进行全面的了解，包括当前高校现有设备的使用情况，当前的数据格式、数据规范使用形式、处理的方式等，开发的继承接口系统的内容及功能、数据的导入、数据的迁移等，以此来确定新的系统开发的内容以及硬件、软件的配备。

4. 对需求规格的检验

系统分析人员需求并生成需求规格，之后对需求规格进行检验，以确保软件需求的可行性与科学性，以此来获得学校档案管理人员的认同，最终达到系统构建的一致性目标。

（三）高校干部人事档案管理信息化系统设计

系统开发的下一步工作就是信息化的系统设计，其是对系统的深层次的功能分析，通过分析构建出行之有效的系统实施档案。其具体的设计流程分为体系结构的设计、软件的编码、系统的自测试三个方面。

（1）体系结构的设计是软件系统设计的首要任务，一个完整的体系结构有助于将设计的风险降到最低。有时软件的体系结构并不能产生直接的好与坏的印象，但一个不够合理的体系结构，不能建构一个良好的运行空间，会大大降低档案管理的效率。

（2）软件的编码指的是软件系统具体化的表现过程，其过程就是将系统设计的模式翻译成计算机语言进行编写的过程，编码的前提是信息系统的运行结构、模块的结构以及数据等前期的工作都已经准备就绪，这一阶段就是将调研的结果与内容转化为用户需要的内容。

（3）系统的自测试指的是在系统开发过程中，开发人员会进行自测，尽可能在自测的过程中发现与修复实际操作中产生的问题，在自测阶段发现的问题越多，在系统正式投入使用后的问题就越少，所交付的系统质量也就越高，后期的维护工作也会进行得较为顺畅。

（四）高校干部人事档案管理信息化系统实施

系统的实施过程就是软件的开发过程，系统实施的日常工作包括客户化的定制、系统化的测试、系统的运行等内容。信息化系统实施包含着定制软件系统、数据的整合、系统的检测使用三个方面。

定制软件系统主要包括四个方面的内容：首先是对框架的定义。这个框架中既包含了人事档案的一些基础性内容，也包括了对整体的人事档案的分类，这些大类可以指导日后高校人事档案建设的发展方向，使人事档案的工作朝着清晰化的方向发展。其次是对数据库的结构的确定，其目的是确定每个档案门类的属性以及操作方式。再次，是对系统构建的业务流程的定义，用户档案的业务流程按一般步骤进行设置。最后，是对用户模型的定义。要对相应的操作功能设置数据权限，用来建立用户的基本模型。

数据的整合指的是供应商要完成数据的载入与迁移的工作，确保新开发系统与原有系统的有效衔接，而用户方的作用就是要定制相应的数据管理规则，积极监控实施的具体过程，在档案的保密上加强防范，保证人事档案信息的安全。这一环节是工作量较大的一个环节，也是最容易出现问题的一个环节，因为涉及数据问题，所以在管理的过程中，要将旧数据与新数据进行整合，使系统进入正常的运行轨道。

系统的检测使用指的是原有的数据经过迁移、装载，最终建立起一个新的系统支撑的数据库，这一过程由供应商或软件开发人员负责，在测试的过程中一定要按照软件的要求进行测试，有用户方严格把关，然后再依靠专家提出测试意见以及改进的方面。这个环节完成之后，就由使用方的档案管理人员进行测试，如果没有发现问题，则进入下一个阶段——试运行阶段。使用方的档案管理人员测试新的软件，这一阶段是一个对新的系统学习与适应的过程，这一过程中档案管理人员应该优化自己的知识结构，积极反馈出现的问题，并改进软件开发中出现的不合理的问题，最终使用户满意，从而推动高校干部人事档案的信息化进程。

（五）高校干部人事档案管理信息化系统应用与培训

高校干部人事档案管理信息化系统应用与培训包括管理人员的培训、操作系统的培训、系统信息的归纳培训、系统的实施切换培训等方面。

1. 管理人员的培训

管理人员的培训需要考虑管理系统对管理人员提出的要求，在结合用户方的档案管理人员对于档案管理信息系统的掌握程度，根据制定出的工作内容对管理人员进行分期培训，以尽快适应新的系统。

2. 操作系统的培训

本培训所涉及的是用户操作方面的培训，是将培训细化，缩小到自己的权限范围内的规范操作。这一环节还涉及培训之后的考试，其目的是检测培训结果，验证是否已经达到运用新系统的标准。

3. 系统信息的归档培训

归档方面的内容主要包括两个方面的内容：首先是整理架构模型，对基础的数据表、工作流程等进行整理，实现系统的独立运行；其次是对客户信息档案进行管理归档，归档的内容包括对客户的基本信息、使用系统版本的情况，同时要将数据库刻录成光盘归档保存，为之后系统的升级与维护提供方便。

4.系统的实施切换培训

在使用新系统一段时间之后可以将原有的系统报废，在这之前，需要有一个适应的过程，在真正接受了新的系统之后就可以实施系统的切换，并且一定要将试运行的部分及时地切换到新的系统中。

（六）高校干部人事档案管理信息化系统检测与验收

系统的正式验收标志着系统的建构工作已经完成，系统实施工作将要结束。这一期间的项目实施内容包括一些特殊信息资料的处理，如新的档案类型的建立、新的功能模块的扩展等，在验收阶段，整理的内容有使用说明书、变更的记录、变更登记、用户手册等可以作为验收的基本材料。此外，还要编写项目验收时使用的文档，可以结合项目的合同及说明书的内容，整理出验收的内容及验收标准，包括目前系统运行的情况。

这一阶段的客户方的工作内容是验收一些基础性的材料，检验是否达到合同中规定的要求，进而进行整个项目的验收，这一工作主要由专业的验收机构对项目进行全面的考察，如果最终的系统效果与合同中规定的一致，就可以达到验收标准，当然如果发现问题，系统开发者就要及时整改与完善。

（七）高校干部人事档案管理信息化系统的评价

这是信息化系统开发的最后一个环节，指的是在档案系统运行了一段时间后，用户方及开发方可以根据双方合同的协议与使用的效果进行综合分析与评价。评价的维度涉及程序的适用度、便利性、能否达到预期的效果等。一般来说，评价的结果包括五种情况，即档案信息系统开发非常成功、档案信息系统开发较为成功、档案信息系统开发只有部分成功、档案信息系统开发实施不成功、档案信息系统开发失败。

评价的作用是实施方可以获得宝贵的信息系统开发经验，为之后的人事档案信息建设提供参考。

第四章 高校干部人事档案信息化管理系统构建

第一节 信息化管理的概念

信息化管理是一个涉及多学科、多要素的管理活动，信息化管理促进行业经营方式的转变，也推动行业朝着智能化、自动化的方向发展。

一、信息化管理的定义

管理指一定组织中的管理者通过实施计划、组织、协调等方法，实现既定目标的过程。由管理主体、管理客体、组织目的、环境或条件这四个基本要素组成，需要运用科学的手段，调整管理活动，使其有序地开展。

信息化管理就是利用先进的信息化技术、设备、产品与科学的管理理念对活动进行安排、协调以及控制，最终实现集约化的管理的全过程。集约化管理中"集"就是整合现有的包括人力、物力、财力等要素在内的资源，进行资源的合理配置。"约"则指的是集中资源、配置资源的过程中，以正向的价值观为导向，在实施过程中注重创新、协调、绿色、节俭等，最终实现管理工作的高效化，也在一定程度上降低了成本，提高了管理效率，以集中力量，优化管理。所以，集约化管理所体现的是信息与资源的充分利用，在有限的范围内提高效率。集约化的管理体现在以下两方面：首先要加强沟通，收集信息，实现对信息流的处理、传输以及集约控制。其次，对信息资源合理排序，在开发的过程中注重对信息的质量控制。

二、信息化管理迎合现代社会发展需求

日常的信息化管理在信息的准确性与迅速、信息增值增效、服务升级、调节市场等方面表现出优势，是现代社会发展所需要的，其发展空间与潜力

也是巨大的。

首先，信息化管理体现了准确性，能客观、真实地反映情况，在数据处理、计划功能、预测功能、控制功能上表现出准确性的特点，能避免数据出现差错，避免了不良后果的发生。现代社会数据统计的准确性得到大幅度的提升是与信息化管理密切相关的，信息化工具的普及在现代社会将成为一种常态而存在。信息的生命是准确，信息化系统的构建过程中，准确性也是信息化系统存在的意义。信息的迅速指信息能及时反映社会各方面的发展动态，而信息迅速传播的基础是基础网络设施的建设，这些设备的建成大大提高了数据传递的速度。迅速性还表现在以下几个方面：①能及时记录已经发生的情况与问题；②能快速将问题反馈到管理部门，及时解决；③上级管理部门迅速做出决策，调整参数或者将处理的结果传递给下级部门执行。一般来说，准确性与迅速性是密切联系的，准确性影响着迅速性，如果正确性不高的话，势必会影响其速度，所以准确性与迅速性能够保证管理信息工作的各环节有序的循环。信息工作的循环过程主要包括信息资料的收集、汇总、加工、处理、分析、储存和传输等各基本环节。可以说，管理信息化的实现能促使各个环节灵活、有效地运转，形成互相协调、联系紧密的系统有机体，促进资源的合理配置。

其次，信息增值重在在信息化管理的过程中，对信息收集、汇总、加工、处理、分析、储存和传输等各基本环节中实现信息含量的增加，促进信息的转化，这些转化主要包括信息集成增值、信息开发增值、信息虚化增值。通过从多维度发掘信息，对信息涵盖的方方面面进行分析，最终扩充了信息的容量，实现了信息的增值。从社会的可持续发展的战略上讲，信息化管理实现了资源的有效利用，使信息创造了价值，实现了社会的可持续发展。

最后，信息化管理强调服务性的特征。信息化的最终实现应该是为用户提供服务，用户的体验很重要，需要有用户思维，从用户的实际需求出发，促进信息化管理的方法与手段的创新，在技术运用、信息化系统构建、系统开发上都需要融入用户思维，提供更加便捷与优质的服务，使整体的管理工作在服务能力与服务水平上进一步提升。影响信息化管理的客观因素也较多，包括信息化设备、技术水平、技术人员等，需要在这些方面找到均衡点，实现资源的优化配置。

三、信息化管理的相关概念辨析

要实现对信息化管理的全面认识，需要进一步明确信息化管理与信息化、管理信息化、信息化过程的管理之间的区别。

（一）信息化管理不同于信息化

在理解信息化管理这一概念时，通常会认为信息化管理就是信息化，尤其对于档案信息化管理，人们往往将其理解为档案需要通过信息技术管理档案信息。也有的学者认为信息化管理的主要实施途径就是通过计算机等智能化的设备来对信息资源进行整理、整合、利用，并通过对信息的分析来进行管理，其实这样的观点是片面的。信息化管理是信息化技术与科学的管理理念融合的结果。

（二）信息化管理不同于管理信息化

有的学者认为信息化管理就是要利用现代技术，尤其是计算机技术、现代通信技术，通过科学的管理方法，优化外部、内部的资源，使各项工作顺利开展，同时通过资源的共享，增加信息交流的频率，进一步推动内部的架构发生改变，朝着更新、更细的方向发展。也有的学者认为，企业信息化管理渗透在管理的每个环节之中，需要充分地利用现代信息技术，实现信息网络的构建，使各项工作的开展建立在一个优化的环境下，提高整个工作流程的效率与管理的水平。信息化管理从一定层面来讲可视为管理方式上的创新，是变换了管理的方式，在信息化的指引下，利用当代信息技术，实现信息化管理；而管理信息化，侧重于管理发展过程中诸多方式中的一种方法，所以两者在概念上有所不同。信息化管理强调的是在技术上、管理上的创新。

（三）信息化管理不同于信息化过程的管理

有的学者认为，企业的信息化管理是对信息化的过程进行管理，将管理的各个阶段区分开，将信息化管理与运作分为若干阶段，包括信息化规划、信息化组织、信息化实施、信息化评价等，将信息化管理等同于信息化的过程进行管理，也缩小了信息化管理的范围，信息化管理不仅包括信息管理的各个环节，还包含其他的方面，所以将信息化管理视为信息化过程的管理，实际上缩小了信息化管理的广度与深度。

通过对以上三个概念的区分，我们可以知道信息化管理事实上是对信息化的整体部署，不仅包括建设管理，还包括应用管理。信息化建设管理主要解决的问题是是否进行信息化建设，信息化建设的目标，如何建设等方面的问题。信息化应用管理侧重的是对信息化建设取得的结果如何管理，运行的全过程如何规划以及如何保证建设成果能在较长时间内，实现最大化地利用与转化的问题。

四、信息化管理的意义

（一）不断优化管理结构，实现资源的优化配置

信息化建设过程中会出现重硬件管理、轻软件管理的现象，有的部门在开展信息化管理时，有重视网络应用而轻视数据的情况。有些地区或单位还将信息化管理简单地理解为依靠计算机技术，片面追求设备的规模，而在软件开发上投入的力度很小。有的领导将信息化建设当成是形象工程，希望通过信息化管理完成政绩，赶潮流、制造亮点是主要目标，而真正的信息化管理具体需要做什么、怎么做、成为次要关注的方面，导致信息化建设"徒有其表"而无实质。

所以信息化管理需要制定合理的信息化战略步骤，结合本地区的信息化需要来制定相应的管理方式，通过合理规划，减少各环节中的资源的浪费，实现信息化与经济性的统一。

（二）实现协调共享，有效避免"信息孤岛"

信息化管理强调在管理的过程中，有统一的技术与服务标准，一般部门之间的管理较为分散，各部门之间没有形成统一的整体，而是呈现分散的状态，这样的现象被称为"信息孤岛"，这样会导致数据难以统一，行业之间的资源也较难得到合理的利用。一些社会组织的信息系统，其构建的基础是各种分散的业务系统，各资源之间无法形成一个整体，也无法实现共享。

通过加强信息化管理，可以通过建立和健全信息化管理体制，通过各个层次之间的协调，实现资源方面的配置。"信息孤岛"现象的出现是不可避免的，可以通过对信息资源的整合，进一步建立信息系统，实现各组织、各部门之间的有效衔接，最终实现资源上的共享，实现现代化管理。

（三）缩短建设周期，有效提升建设质量

一般来说，信息化建设是一个长期的项目，其投资较大，时间较长，而且有些信息化建设工程存在着目标不清晰，任务安排不清晰、修改频繁等问题，导致工程的进度慢，延长了建设的周期。对于信息化管理来说，通过科学的管理，对人员、时间、信息化等方面进行监控与合理配置，提高了信息化建设的时间效率，确保在规定的时间内完成任务。信息化建设中的质量管理与质量监控，有利于实时保控信息化建设的进度，保证信息建设的时间以及质量。

（四）充分有效应用，保证正常运行

在信息化建设中，经常会出现重视开发、轻视维护，重视建设、轻视应用的做法，这一状况虽然一直在改善，但短时间内还会存在，所以关于信息建设的一些基础设施建设、运行管理等没有得到应有的重视。许多部门虽然已经配备了相关的计算机设备，为实现办公自动化提供了前期的基础，但由于部门管理人员专业技术能力不足、信息化意识较差等原因，这些资源无法得到充分的利用，造成了资源的浪费。

信息化建设是一个长期的工程，阶段性的建设完成之后，还要进行定期的维护与更新，还需要进行持续的管理。信息化管理的过程也是对信息化建设进行维护与对资源进行有效整合的过程。信息化管理强调信息化技术的掌握与应用，一定程度上激发了人们自觉运用信息系统的热情，使信息系统得到了充分的利用。通过信息系统使用制度的建设与实施，信息系统的开发与维护，实现信息为现代社会发展服务，推动现代化发展。

（五）明晰流程，创新管理

信息化建设涵盖着多方面的内容，除了信息与网络的应用技术问题之外，还有信息管理理念的形成、管理方式上的转变、业务流程上的优化等，信息化应用的各个环节与信息化管理密切相关。想要真正发挥信息化的作用，需要在进行信息化管理前，做好信息系统的构建与完善，形成资源利用、资源共享的理念，推动组织结构的优化。

第二节　高校干部人事档案信息化管理的含义与内容

高校干部人事档案信息化指的是高校的人事部门在统一性的原则下运用现代信息技术对高校的干部人事档案进行组织、管理、利用。

一、高校干部人事档案信息化管理的含义

高校干部人事档案的信息化是伴随着人事档案信息化、档案信息化、信息化的发展而产生的。随着信息化时代的不断发展，人事档案信息化管理的产生，干部人事档案作为人事档案的一个重要部分，在人事档案信息化建设中占据着重要的地位。

（一）信息化

信息化最早出自日本学者 Tadao Umesao 在 1963 年发表的《论信息产业》中，"信息化是指通讯现代化、计算机化和行为合理化的总称。"其中通讯现代化指的是基于现代通信技术来实现社会活动的信息交流；计算机化指的是在社会组织及组织之间产生的信息，在存储、处理、传递等方面采用先进的计算机技术以及设备管理的过程；行为合理化指的是人们按照公认的法律法规等进行行为上的规范。所以，信息化作为一个专门的术语存在。

我国对信息化的探索始于 1997 年的全国信息化工作会议，该会议对信息化的概念做出了界定，"信息化就是计算机、通信和网络技术的现代化""信息化就是从物质生产占主导地位的社会向信息产业占主导地位社会转变的发展过程""信息化就是从工业社会向信息社会演进的过程""信息化是以信息技术广泛应用为主导，信息资源为核心，信息网络为基础，信息产业为支撑，信息人才为依托，法规、政策、标准为保障的综合体系"。

信息化是一个动态的过程，其基本的内涵包含以下几个方面。

（1）信息网络体系构建：信息资源、信息系统、通信网络平台等。

（2）信息产业基础：信息科学技术、信息装备技术、信息咨询业务、信息服务等。

（3）社会运行环境：现代产业发展、管理体制、法律法规、政策导向、文化教育、文明程度等，这些要素与上层建筑直接相关。

（4）效用积累过程：管理人员素质、国家发展水平、人们生活质量、物

质文明与精神文明建设程度等。

在党和国家层面，对各行各业信息化的推动从未停止，各行各业也在信息化的过程中实现了工作效率的提升、资源的优化配置。档案信息化的提出时间是在 20 世纪 70 年代，先后经历了计算机档案管理系统构建、数字档案馆、档案管理系统建设，我国的档案管理工作取得了可喜的成就。到了 20 世纪末，国家档案局高度重视档案信息化的工作，将其作为重点项目进行打造，通过科技立项、研讨会等形式来积极推进档案信息化建设的工作，加快了信息化建设的步伐。

（二）人事档案信息化

档案信息化的过程伴随着人事档案的信息化以及干部人事档案信息化的产生，一般来说人事档案信息化大致经历了三个阶段。

单机检索阶段（20 世纪 80 年代至 90 年代）。这一时期，人事档案管理部门开始利用计算机管理员工的基本信息。建立起一个以单机为主的人事档案信息检索系统，并且取得了初步的管理成就。档案开发的过程中，其应用系统主要采用的是 dBASE、BASIC、C、Foxro 等语言，采用 DOS 操作系统来支持。

单机检索阶段的档案信息化应用的特点是人事档案信息的录入数据没有标准、统一的格式，信息化程度较低，数据处理能力不足。因为各部门之间的档案管理的信息化程度不同，所以在通用性上较差。单机管理检索阶段是人事档案实现信息化的初级阶段，为我国的人事档案信息化管理开创了先河，也为全面实现人事档案信息化积累了宝贵的经验。

单机、局域网集合的管理系统阶段（20 世纪末期）。这一时期人事档案的信息化管理成为计算机管理系统的一部分，并且在全国范围内得到广泛的应用，系统开发工具有 Visul Foxpro、PowerBuilder，大型数据库管理系统有 Oracle、Sybase、DB2、Informix 等，系统的平台主要为 Windows、Unix、Linux，并建立了统一的数据格式标准和其他技术标准，使人事档案信息数据交换与管理软件共享成了现实。这一时期，因为网络技术的不断普及，局域网技术也开始用在人事档案管理中，推动人事档案信息管理系统不断向前迈进，扩大了人事档案管理的内容。

混合系统模式阶段（20 世纪末至今）。这一时期档案信息化进一步发展，使人事档案信息化走向了普及。从目前的人事档案开发的软件来看，人事档案的信息化构建经历了有单机版到网络版、由 B/S 模式向 C/S 或者是

B/S 模式、C/S 模式相结合的混合模式，这一时期完成了目录数据建设到全文数据库的建设，人事档案管理的信息系统的发展取得了前所未有的成绩。在人事档案的服务功能上也进行了拓展，使人事档案信息管理系统实现了资源的共享。

从以上三种阶段的发展可以看出，人事档案信息化的发展是依托国家信息化的发展而发展的，呈现出一个动态的过程。不同时期对人事档案信息化的目标与期望是不同的，人事档案管理系统的结构与服务范围也是不同的，这充分说明了人事档案信息化管理的发展过程是一个由浅层次到深层次的不断发展的过程，这个过程是一个循序渐进的过程，需要宏观与微观上的共同努力。从宏观上讲，整个发展的过程与国家信息网络、信息技术应用水平、信息化人才、信息化政策等方面密切相关。从微观角度上讲，还与人事档案管理部门的信息化意识、档案管理人员的计算机水平联系紧密。现代的人事档案管理朝着符合当代人事档案管理的要求发展，其主要的功能在实践的过程中得到完善，不仅提高了管理的效率，还实现了科学地配置资源。所以人事档案信息化是国家信息化发展的结果，需要根据档案管理的实际需要，全面利用现代信息技术，不断更新人事档案的管理。

二、高校干部人事档案信息化管理的内容

从高校干部人事档案信息化的过程来看，高校干部人事档案信息化管理的内容是随着时代的变化而变化的，随着国家相关的干部人事档案法律法规的颁布，干部人事档案管理意识逐渐增强，现代的干部人事档案管理技术不断发展，高校干部人事档案信息化的内容越来越丰富。

可以从宏观及微观的层面上对高校干部的人事档案信息化进行关照，从微观方面讲，干部人事档案信息化强调的是通过信息化技术对干部人事档案进行科学的管理。

（一）高校干部人事档案信息的收集

干部的每一段时期都会产生各种各样的信息，包括纸质档案与电子档案，这些档案的相关材料是档案搜集的主要内容。干部人事档案收集的过程要注重收集当事人在社会生活中所形成的档案信息，如一些奖励、创造、专利等。

档案信息化需要对已有的人事档案的电子公文进行收集，对未形成电子档案的内容进行数字化的处理，最终以电子形式保存。

（二）高校干部人事档案信息的整理

干部人事档案的整理需要根据高校对干部人事档案的设置来决定，不同的人事档案系统的设置，所形成的档案的侧重点不同。一般会以人立卷，需要将干部的人事档案信息进行全面、有序的整理，如个人履历资料、自传资料、鉴定资料、考察和考核资料、入团资料、入党资料、奖励和惩罚资料、任免资料、晋升资料等。这些重要的信息材料中，有的是固定不变的，有的则是变化的，是随着干部的经历的改变而变化的，因此通常随着时间的推移，在内容上越来越丰富。

现代化的高校人事档案系统信息整理也呈现出繁荣发展的局面。在档案的整理上，其主体可以是组织人事机构、人事档案代理机构、人才中心等。在整理过程中，人事档案整理的客体是"人"，是需要一人一档，通过大类、大件等进行整理。从档案信息的源头来看，主要存在着两种形式，即一些现成的人事档案电子的文件和通过纸质档案生成的数字化的电子档案。这两大类的档案都需要妥善保管。对于干部人事档案整理，可以实时整理，也可以定期整理。在已经构建好的人事档案系统中，还可以通过网络实时收集、整理档案信息，大大便利了整理工作。

干部人事档案信息化的过程中，需要进行著录，著录通常需要遵循《中华人民共和国档案行业标准档案著录规则》，需要保证档案的真实性、完整性、有效性，对于电子文件特有的著录项目和其他标识要及时进行补充。

（三）高校干部人事档案数据库建设

一般来说，人事档案数据库主要包括人事档案目录数据库、全文数据库、特色数据库，为便于干部人事档案的管理，也会建立一个针对干部档案的数据库。干部人事档案数据库的建立需要以人为本，通过对人力资源方面的开发、利用、管理、共享，来共同搭建学校干部人事档案资源数据平台，满足高校人事部门的日常管理需求。

数据库要有完备的人事信息管理功能，如个人基本信息，人员增加、调动，人事报表打印，录入便捷，人员批量调动，人员内部变动，人员结构分析，人员增、减统计；人员职业规划与追踪管理、奖惩、考评、培训管理、教师科研、教学动态情况；支持数据外部导入、信息项电子表格导出。使人事管理部门及相关人员通过该数据库能了解所有教职员工的基本情况，洞悉学校的师资结构、学历结构、职称结构以及学校的科研、教学发展的动态，为学校领导决策提供及时、准确、翔实的数据及快捷的利用。

系统数据库权限管理。一级权限，学校教职工根据本人身份证号（或密码）上网查询本人的基本情况；二级权限，人事、教学、科研、劳资等部门根据密码可查询本部门需掌握的相关信息；三级权限，校领导根据密码可全面查看每位教职工的所有信息；四级权限，总库的管理、更新权限归人事处。

系统总库分成四个分库，由四个相关部门共同完成数据的输入进库工作，以保证数据库数据及时、准确。

1. 基本信息库

基本信息是指人事档案中履历表中所反映的共性内容，包括以下内容：姓名、身份、类别、照片、性别、籍贯、出生年月、民族、所属部门、工作岗位、初始学历、最高学历（学位），政治面貌、入党时间、处分情况、工作经历（时间、单位）、学习经历（学校、时间、专业类型）、职务变更情况（时间、所在部门、职务、级别）、职称变更（职称、评审时间、聘任时间）、所获工人技术等级（获取时间、变更情况）等。基本信息由人事处负责采集、输入、更新和管理。

2. 科学研究、学术论文信息库

科学研究、学术论文信息库包括两个部分的信息：第一为科学研究项目，在该项目下先按级别进行划分，如国家级、省级、校级等，其次对科研项目进行详细著录，如项目数、项目名称、获奖情况、成果等；第二为公开发表的学术论文，先按刊物级别进行划分，如核心刊物、一般刊物等，其次对发表论文情况进行详细著录，如篇数、论文名、刊物名、出版社、获奖情况等。科学研究、学术论文信息库由科学技术处负责采集、输入、更新、管理。

3. 教学研究、教学信息库

在数据库中，首先著录教师所承担过的教学研究项目，先按级别进行划分，如国家级、省级、校级，在每一级别下再按项目数、项目名称、获奖情况、成果进行详细著录；其次著录教师的教学情况，包括承担课程名、效果、获奖情况（按级别进行划分，如国家级、省级、校级）。教学研究、教学信息库由教务处负责采集、输入、更新、管理。

4. 工资信息库

工资信息即工资变更情况（时间、原因、变更金额数、工资总金额数）。工资信息库由劳资处负责采集、输入、更新、管理。

（四）高校干部人事档案信息的存储

整理之后的干部人事档案需要定时或不定时地进行存储，以保证档案资料的及时更新。按照人事档案信息存储的载体不同，一般这些干部的人事档案的存储载体可以是光盘、磁带、可擦写光盘、硬磁盘等，原则上不允许用磁盘作为归档的电子文件进行长期保存。现代干部人事档案呈现出数量众多、更新频率快的特点，有些高校存储时采取硬磁盘、数据磁带等进行存储。随着信息化进程的加快，人事档案管理部门需要对档案信息进行备份存储，一般采取电子、纸质的形式进行存储。

（五）高校干部人事档案信息的服务

人事档案信息服务一般分为本地窗口服务、外地窗口服务。从干部人事档案服务的服务对象划分，又可分为个人服务、大众服务。现阶段高校干部人事档案的服务一般以本地窗口服务、个人服务为主。随着近几年高校规模的不断壮大，干部人才的流动性大大加强，人才的流动并不限于在本校范围内的流动，而是国内的流动，异地服务随之也提上了日程。干部人事档案信息化建设可以为异地人事档案的流动提供便利，利用现代信息化技术，在严格遵守人事档案保密原则的情况下，构建网上查询系统，人才中心通过登录网上查询系统来实现干部人才流动的过程中的档案查询。

（六）高校干部人事档案信息的共享

高校干部人事档案信息数据库的构建，可以实现高校各部门之间的基本信息的共享。干部人才的流动性较强，如果干部原先所在单位的数据库已经形成，那么干部现在所在单位就可以与原先的单位进行信息共享，现在的人事部门可以调出相关的档案内容，这样不仅可以节省时间与精力，还大大减少了档案破损的概率。当前，高校干部人事档案的共享仍然处于探索阶段，各方面需要加大力度构建。高校干部人事档案的数据库的形成，既可以保持数据的一致性、准确性、时效性，还可以提高部门管理的工作效率，提高了共享的程度。

（七）高校干部人事档案信息安全的保障

高校干部人事档案信息安全保障是构建信息化管理的一个重要的环节，不仅涉及管理中信息化的硬件、软件，还涉及干部人事档案是否受到恶意的破坏而遭到泄露与更改，还包括保障系统连续、可靠、正常运行，保障信息服务的持续性。鉴于干部人事档案具有保密性的特点，在信息化的系统构建中，安全性的需要所占比重较大。

保障干部人事档案信息的安全性，需要加强高校干部人事档案信息的安全性宣传，积极树立安全意识，在系统建构过程中要多采取几种防范措施，做到干部人事档案该公开的信息可以公开，需要保密的档案内容需要严加保密。通过建立技术保障体系、制度保障体系、管理保障体系来保障高校干部人事档案信息的安全性。

（八）高校干部人事档案信息的标准制定

档案信息化的相关标准的制定主要以档案的特点为依据，结合档案行业的标准规范来进行。就现有的信息化实践经验来看，制定干部人事档案信息化标准规范主要参照以下三类标准规范。

第一，国家信息化标准规范。为贯彻落实《国家信息化发展战略纲要》《"十三五"国家信息化规划》和《国家标准化体系建设发展规划（2016—2020年）》任务部署，经中央网络安全和信息化领导小组同意，中央网信办、国家市场监督管理总局、国家标准委联合印发《"十三五"信息化标准工作指南》，要求贯彻落实习近平总书记在网络安全和信息化工作座谈会上的重要讲话精神，加快完善国家信息化标准体系，充分发挥标准对推进技术融合、业务融合、数据融合的引领和支撑作用，进一步增强我国信息化发展能力，提升经济社会信息化应用水平。这些国家信息化标准规范也在指引着干部人事档案信息化建设的方向。第二，行业信息化标准规范，也就是档案信息化标准规范。第三，人事档案信息化标准规范。这三个层面之间的关系密切，国家信息化标准规范是高校干部人事档案管理的基础与前提条件，行业信息化标准则主要提供依据，人事档案信息化标准规范具有针对性、指导性。三者共同构成了人事档案信息化的标准规范体系。与此同时，高校干部人事档案的标示、描述、存储、交换、管理、查找等，也需要构建一个从国家到行业的标准规范。高校干部人事档案管理标准体系的构建促进了干部人事档案信息化发展，使干部人事档案的信息资源得到进一步的开发与共享。

第三节　高校干部人事档案信息化管理的原则与任务

高校干部人事档案管理中，高校干部人事档案的信息化实现了档案资源与现代计算机技术的结合，为高校干部人事档案管理提供了新的思路与方法。但是在信息化的过程中也会对干部人事档案管理带来一些潜在的风险，所以在利用现代化技术时要善于扬长避短，坚持干部人事档案信息化管理的原则与任务。

一、高校干部人事档案信息化管理的原则

高校干部人事档案信息化管理的原则，指的是在进行人事档案信息化的管理时需要遵守一定的标准，这些标准是从实践中提炼出来的，是人事档案管理必须遵循的原则。在档案信息化管理的过程中发现问题时，要按照基本的标准来处理。

（一）实用性原则

实用性原则能够解决人事档案管理过程中的实际问题，能够直接为实践工作带来便利，并产生积极的作用，使人事档案管理迈向新的台阶。对于高校的干部人事档案管理来说，实现信息化管理的过程同样需要把握实用性原则，在构建信息化体系的过程中需要考虑让干部个人以及干部人事档案管理机构都能方便、快捷地解决问题。

对于干部个人来说，其隐私性需要保护，其档案信息的安全性与保密性需要考虑，需要事先明确哪些档案资料需要数字化转化，什么时候实现信息化，以及上传到相关的服务平台如何保障其信息的安全性，这些因素都需要前期的规划。就干部人事档案的保密性来说，干部人事档案所涉及的保密文件资料，需要严加保密，防止泄露；就干部人事档案的真实性来说，需要做到每一名干部的信息属实无误；干部人事档案的知情权来说，在构建好完整的档案信息资料库后，需要向当事人开放。

对于干部人事档案管理机构来说，在人事档案系统设计上，需要利用国内先进的人才与技术，需要根据学校的现有条件，制定相对应的设计方案，利用可以利用的资金与技术，分步骤进行人事档案信息化建设。需要强调的是干部人事档案信息化的过程是一个逐渐发展、壮大的过程，需要财力、物

力、精力三方面的共同投入，三者缺一不可。在信息化建设的过程中，因为高校的管理及情况具有相似性，可以高校间相互合作，如在构建完整的信息化方案的过程中可以相互交流想法，使方案最优化；在信息化设备的选购上，可以通过交流价位、配置等选择性价比最高的采买。至于技术上的交流与合作，则是信息化构建中最重要的，通过技术上的合作，可以规避一些重复性的建设，更快、更高效地推动干部人事档案的信息化建设。

高校干部人事档案信息化建设过程中，实用性与科学性要联系在一起，因为档案管理信息化建设是一项长期的工程，需要结合可持续的发展战略，将人事档案信息化建设，放在时代大背景下开展，改进信息领域的先进技术、先进的管理经验、专业人才，实现干部人事档案管理的信息化。

（二）规范性原则

规范性原则表现在以下两个方面。首先，高校干部人事档案信息化建设需要严格遵守相关的法律法规。加强干部人事档案管理的规范性以及实现全国范围内的人事档案的共享。其次，在信息化构建中要使用规范的电子文件格式，图片、文本等所使用的格式需要符合《电子文件归档与管理规范》的规定。例如，文本的格式包括 .txt、.doc、.rtf、.pdf、.html、.xml 等，按照相关的规定存档的文本格式规定为 .txt、.rtf、.xml 格式，涉及不同格式的需要进行转化。

（三）安全性原则

干部人事档案管理需要遵循安全性的原则，主要是为了防止将干部的相关文件内容泄露出去，给干部造成不必要的消极影响。人事档案信息管理的安全性，首先，要遵循人事档案信息的安全性，干部人事档案中涉及的隐私材料需要遵守国家关于公民隐私权保护的相关规定。高校干部人事档案是党的重要机密，人事档案库房是机要重地，非管理人员一律不得随便进入档案库房。

保障人事档案信息的安全，需要确保人事档案信息化的网络安全性。实现干部人事档案信息的共享，并不意味着将干部人事档案的全部信息公布，开放也是在允许的条件下有步骤地进行的，要以保证干部人事档案信息的安全为前提。未来在条件成熟的情况下，可以建立干部人事档案专网，这是保障干部人事档案安全的最佳路径，但就目前我国的基础建设来说，尚不具备这样的条件，所以干部人事档案信息管理系统与互联网等公共信息网实行物理隔离的措施，涉密的档案资料的存储有着专门的路径，不得存储在与公共信息网相连的信息设备上，也不得存储在公共信息网的网络存储器中，这样保证了干部人事档案的安全性。

（四）开放性原则

当今时代是信息的时代，各行业、各领域之间的交流日益密切，在人事档案管理上也需要实施开放性的原则，这也是档案信息化构建的一个发展趋势。建立人事档案信息管理系统，其本质就是要优化干部人事档案管理的工作，在流程、形式、共享方面实现科学的管理以及优质的服务，所以开放性原则需要在前期的信息规划过程中得以体现，并一直贯彻在信息化系统构建的过程中。一般人会认为人事档案的内容具有保密性，当事人参与档案管理的时候较少，但随着人事劳动管理逐渐变为平等的契约关系，人事档案的保管权、评价权、知情权、处置权等也逐渐转变为管理部门与个人共同管理的状态。人事档案作为干部当事人的个人经历以及各项素质的综合体现，逐渐朝着公开的方向发展。

在信息的开放性构建中，需要处理好档案管理单位与个人的关系，人事档案的开放性需要尊重当事人的知情权，不仅包括当事人个人的信息材料，还包括与其他结合的间接的信息材料。在档案管理中档案管理的保密性与开放性是矛盾的，所以要慎重处理。对于档案管理部门来说，不能过分强调档案的保密性，要逐渐形成开放性的意识，需要逐步开放档案，实现档案的完整、真实与透明。对公民而言，知情权是限定在一定的范围内的，超出的范围是不允许的，所以在信息化档案构建的过程中要适度开放与适度知情，是开放性原则的基本体现。通过信息服务平台，可以实现人事档案的部门内容的在线查找与利用，大大节省了人力，也保障了当事人的知情权。当然，干部人事档案的开放性原则也不是对所有人的任意开放，现阶段的人事档案管理部门可以向当事人开放一些个人信息，并不是要全面地展示出来。

（五）双轨制原则

《电子文件归档与管理规范》中规定，"具有永久保存价值的文本或图形形式的电子文件，如没有纸质等拷贝件，必须制成纸质文件或缩微品等。归档时，应同时保存文件的电子版本、纸质版本或缩微品"。就目前的人事档案管理中生成的电子文件资料的法律地位以及作为证据的作用，还需要进一步以法律的形式来进行普遍的认定，因此有着重要的保存价值的人事档案电子文件需要转化为纸质的文件加以保存，尤其人事档案中一些需要永久保存的电子文件，需要进一步转化为纸质的资料进行归档保护。

电子与纸质文件资料的并存被称为双轨制原则，电子信息载体存在着不稳定性，同一内容的人事档案资料需要以两种不同的形式加以保存与保护，以确保档案的安全性，为人事档案长期保存提供保障。

二、高校干部人事档案信息化管理的任务

结合当前高校干部人事档案信息化管理工作的现状以及主要的问题，干部人事档案信息化管理的任务具体包括以下几个方面。

（一）积极建立与完善高校人事档案管理信息系统

目前高校所建立的干部人事档案信息系统各不相同，有的采用的是独立的人事档案管理信息系统，有的则采取的是综合性的档案管理信息系统，因此高校间的人事档案管理工作存在着差异，有的高校的干部人事档案管理实现了独立化管理，有的与人力资源管理信息系统、职工管理、财产管理等结合在一起，统一管理。信息化管理将各个部门分散的、独立的人事管理进行统一的协调，高校的干部人事档案信息化管理系统可以通过高校间的人事档案管理部门联合起来，集中开发一套干部人事档案管理软件。采取这样的方式不仅降低了各校开发的难度，同时还形成了较为统一的执行标准，有利于数据的传输，减少了因为数据传输带来的不便，这样的尝试对高校人事档案信息化管理工作的推动作用无疑是巨大的。

（二）人事档案管理信息数据库的建立与管理

在前期的干部人事档案管理信息化建设中，需要进行系统录入工作，这是人事档案管理信息化的基础性工作，工作量较大，需要花费的时间较长。干部人事档案数据库要与职工档案数据库、特色数据库等区分，要抓紧进行电子文件资料的搜集，加快人事档案的数字化，积极构建干部人事档案资源库，实现干部人事档案管理的信息化。

干部人事档案的构建还应该与社会主义市场条件下的个人信用体系联系起来，使干部人事档案与社会范围内的管理信息系统相关联。干部人事档案是证明个人身份与政治思想、经历等的凭证，进入社会公共信用体系之后，应该以凭证部分和职业生涯、职业能力、信用记录为主要内容。

（三）高校干部人事档案管理系统的安全维护

人事档案管理信息化的设计、管理、维护都需要注重人事档案信息的安全性，安全性的维护贯穿在档案管理信息化的全过程，是需要始终贯彻的原则，在档案信息化管理系统构建过程中需要不断加强干部人事档案的安全性，尤其是网络信息的安全。

第四节　高校干部人事档案信息化管理系统功能需求

高校干部人事档案的信息化管理需要将档案资料进行收集、整理、加工、传输、存储、定期更新等，而这些环节需要在干部人事档案管理系统中完成，通过这一系统，实现了人机系统的构建，可以管理和开发人事档案信息，实现干部人事档案的信息化要求。

在构建高校干部人事档案的信息化管理系统时，需要将信息管理的实际工作需求具体化，需要满足各项功能需求，满足干部人事档案的日常管理与服务需求。可以说，系统功能在系统设计中非常重要，系统功能设计得好的话，使用起来就会流畅、方便，如果设计得不好的话，会加重信息管理系统的使用难度，其便利性会大打折扣。要开发一套优质的干部人事档案信息管理系统，需要进行前期的详细的规划，还需要不断构建系统，这是一项浩大的工程，所以在设计干部人事档案信息系统时，要将功能放在首位，放在核心的位置来统领整个的系统构建，之后再对各个子系统进行规划。

一、从需求上分析高校干部人事档案信息管理系统的功能

一般的系统功能分为基本功能、拓展功能两大类。基本功能指的是干部人事档案系统设置中的基础性的功能，是必备的功能；拓展功能要比基础功能高级，指的是在开发过程中，根据实际的需求来添加所需要的功能，来推动干部人事档案管理工作的建设，凭借这些功能的设置，为管理者与当事人提供便利。

（一）基本功能

基本功能又可分为系统设置、用户管理、档案信息管理功能、用户服务功能四大部分。

1. 系统设置

系统设置是指系统参数的设置，包括系统字段设置、部门设置、信息框设置、信息提示设置等内容。

数据库字段名的修改可以使系统更好地适应高校的干部人事档案的实际需要，修改后的系统设置应该符合行业的规范。一般来说，系统都设置了自定义编辑窗口，用户在使用时可以按照自己的需要来设计。干部人事档案管理系统的开发，需要针对不同的用户习惯开发出灵活性强的人事档案管理系统。

2. 用户管理

用户管理表现为权限设置与密码设置。权限设置根据用户的不同，分别设置不同的权限，对管理人员、人事档案代理单位、当事人等分别设置操作权限，根据不同的人群设定不同的操作范围。一般来说，权限的设置由系统的管理人员进行设置，其具有设置所有权限的权利，具有读、写、修改等功能，将操作权限分配给人事档案代理单位之后，人事档案代理单位只具有读的权限。一般权限的设置是通过分级设置产生的，其设置的目的是为了确保人事档案信息的安全性与保密性。

系统给不同的用户设置不同的密码，实现了系统范围内的信息安全，进一步确保了干部人事档案的安全性。系统的管理人员、人事档案代理单位、档案当事人得到相应的权限与分配的密码，进行规范性操作，维持信息系统的有序运行。

3. 档案信息管理功能

该部分的功能主要包括档案的录入、科学管理、数据编排、数据库建设、数据迁移、数据上传等工作。档案的录入是档案资料实现数字化的过程，通过网上文件、传递、扫描等不同的方式获得当事人的档案信息资料，形成批量的干部人事档案信息资料，进一步构建人事档案信息库。当然，在执行"初始化"操作后，就可以清除历史搜索，执行新的查询、更新、统计与输出的功能。

档案资料涉及个人经历、工作履历、学习经历、政治情况等，还包含着人事资料、人事变动等内容。录入之后，需要对录入的信息进行分类管理。数据编辑功能指的是对记录进行增加、修改、更新、删除、浏览、打印信息、打印空白表等的编辑操作。系统管理员需要定期对人事档案的数据进行更新，更新的方式包括修改信息、删除信息、添加信息等操作，所更新的内容包括人事档案的基本信息、表格信息等。

在系统中可以通过字段的检索，自动生成表格，获取性别、年龄、学历、职称、政治面貌、工资等信息；通过统计功能实现对当事人的信息，或当事人某些方面的信息进行分类统计。各项功能的构建最终要实现的是干部人事档案信息的数据库呈现，这是档案信息化管理系统构建的成熟阶段。当然，从信息安全性考虑，干部人事档案的系统还需要进行数据的迁移，包括数据备份、数据导入、数据导出等。上传功能的设置也要从保障信息安全性的角度来考虑。

4. 用户服务功能

对于用户来说，系统的用户服务功能为用户提供良好的体验，其中包括人机界面的呈现、人机操作方式、多人操作的网络版。

用户服务功能为客户提供便利的查询。查询指的是通过搜索某些关键词，如按照姓名、身份证号、部门等关键词进行搜索，可以迅速找到干部的基本信息。在信息输出的时候，可以按照现有的基本信息生成条件表。条件表记录的是一个人、某一类人或全体干部人员的信息，可以在显示屏上直接显示，还可以打印成册。

（二）拓展功能

拓展功能包括信息提醒功能、信息发布功能、数据的共享功能、网络化信息服务功能等。

1. 系统提醒功能

打开高校干部人事档案系统之后，通过系统提醒功能对需要提醒的相关的重要信息进行设定，如将要到期的合同、员工的生日等。系统提醒功能的灵活性较大，可以以天为单位，也可以以周、月为单位，可以将提醒的事项导入表格，便于执行。

2. 信息发布功能

在系统构建的过程中，将预留的接口与互联网、无线应用通信协议进行整合，来满足沟通的需求。可以通过移动的互联网平台，实现人事档案管理中心、人事档案管理机构的信息交流，这样不仅避免了干部人事档案管理机构耗费精力去挖掘资源，还能提升人事档案的服务功能。这种功能的实现需要与电信部门合作，人事档案管理信息系统需要电信部门设置专有的工作模板及工作流程，实现多方的及时交流。

3. 数据的共享功能

高校干部的人事档案一般会分散在不同的部门，所以在管理系统构建的过程要建立与其他管理系统的联系，实现基本的数据共享功能。以往的干部人事档案所涉及的干部的人事档案需要与分管基本信息的部门进行沟通收集，会涉及较多的部门，通过管理系统间的关联，实现基本的数据共享，干部人事档案所涉及的姓名、性别、出生日期、住址等基本的信息资源都可以实现共享，以此节约资源，提高工作效率。目前的高校干部人事档案的共享因为受到理念、规定等方面的制约，共享的程度较低，但单从技术方面看，其基本的共享功能是可以实现的，通过前置服务器可以将各个主机系统连接起来，通过跨系统的信息交流实现干部人事档案的基本信息共享，这无疑节约了人力、物力、财力，通过节约系统投资，优化了系统结构，实现了系统安全、便捷共享的目的。

4. 网络化的信息服务功能

高校人事档案信息系统的建立有助于形成各种各样的人事档案信息数据库，这些数据库里的信息较全，涵盖了干部的各方面的信息，严格保密的信息除外。高校用人单位可以通过申请、审批的方式，获得上网查找的权利，从而得到高校干部的信息，所调出这些信息存储在数据库当中，其准确性、真实性较高。所以网络化、信息化的人事档案管理是未来档案管理工作建设的重中之重，要逐步实现单机版向网络版的转变。

网络化管理需要对人事档案信息进行分级管理，分级管理的目的是为了保障人事档案信息的安全性，按照管理权限的大小，实行分级管理，通过建立局域网来实现分级，再通过各局域网的连接，实现网络化的管理。局域网的管理实行分级分部门进行管理的方式，坚持谁管理谁负责的原则，通过密码与身份的确定来给用户提供相应的资料，管理的过程中需要严格按照管理的权限来进行管理与维护。

二、高校干部人事档案信息系统功能的设计

根据需求来进行设计是保障高校干部人事档案信息的系统正常运转的前提，设计的过程中需要在把握重点功能的同时兼顾一般功能的开发，从而使构建出来的系统具有稳定性、层次性与开放性。

一般来说，高校干部人事档案信息系统功能的设计分为两种形式——独立系统与嵌入系统。独立系统指的是独立的干部人事档案信息化系统，其专指性较强。嵌入系统指的是人事档案管理与人力资源管理系统等其他系统相融合的形式。高校干部人事档案信息系统的构建比较适合采用嵌入系统的形式。

两种形式存在差异性，所构建的系统也会因为拓展功能的不同呈现出不同的设计形式，但系统管理、人事档案信息管理、人事档案信息服务管理这三个基本功能是不变的，这也是系统设计必须考虑的。

（一）系统管理

系统用户进入系统可以使用用户的登录名称进入系统界面，也可以通过用户类型中的某一类型选择登录。对于某些网络版的人事档案管理系统，则可以直接输入 IP 地址或者通过设置局域网来进入系统，如图 4-1 所示。

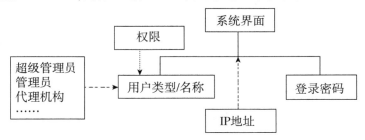

图 4-1　高校干部人事档案信息管理系统用户进入系统示意图

系统设置是系统管理的一部分，系统的设置一般遵循的原则是从高校的具体需求出发，体现着实用性、灵活性的原则。设置需要完成高校机构单位及其二级学院的设置，设置会根据具体的需要进行部门的增加或减少、字段的增加或减少、授权等情况的处理。处理过程中会产生相应的代码、字长等，所以在设置的时候就需要预留出足够的空间来保证系统的实用性。系统管理除了解决人事档案的实际问题外，还需要维护其安全性，尤其是网络版的人事档案管理系统，需要确保其安全性。

（二）人事档案信息管理

要实现对干部人事档案的有序管理，需要对干部人事档案进行搜集、整理、录入、分类、归档等，这就是人事档案信息的管理。对于高校的干部人事档案来说，新入职的干部人事档案信息需要通过系统添加，当发生人事变动时，当事人从甲学院调到乙学院，或是去了其他的高校时，其人事档案的变动信息也要体现在系统中，如图4-2所示。

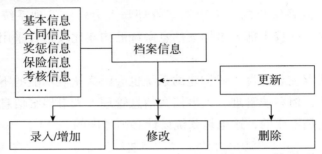

图4-2　干部人事档案信息管理示意图

（三）人事档案信息服务管理

高校干部人事档案管理信息系统的构建是对高校干部人事档案管理的创新性工作，其主要的目的是实现人事档案的服务功能，即通过人事档案信息系统的构建，加强档案工作的服务性，使人事管理部门能最快捷、最方便地得到信息。用户通过系统不仅可以查询到相关的干部的基本信息，还能根据具体的需要，打印成表格，在必要的时候，还能拷贝到其他的设备上，进行数据的提交以及恢复，如图4-3所示。

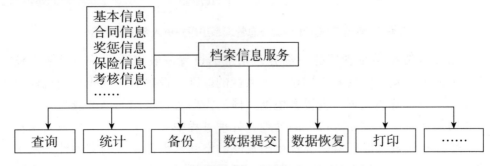

图4-3　高校干部人事档案信息服务管理示意图

第五章 高校干部人事档案信息化系统建设管理内容构建

第一节 高校干部人事档案信息化范围的确定

在进行高校干部人事档案管理信息化系统建设的过程中，需要对干部人事档案管理的信息化范围进行确定，包括机构范围、工作人员意识范围、信息化业务范围三方面。

一、机构范围

要实现高校干部人事档案信息化建设需要发挥高校档案行政机关的积极作用，高校档案行政机关是档案信息化建设的主管部门，档案的保管人员是档案信息化建设的主体力量，档案的形成需要经过档案业务部门的努力才能完成。在档案信息化的建设过程中，需要遵照一定的法律法规及学校的相关制度来实现档案的规范化与标准化管理，而人事档案的信息化管理又促进了相应的法律、法规、制度、标准等的建立与完善，档案业务在管理的过程中也能实现流程化管理，实现档案管理的各个环节的效率的提升，实现档案的整理、归类、移交、存储等业务的自动化、信息化处理，降低了人工管理的成本，也降低了人工的出错概率，提高了工作的效率。信息化系统的构建，加强了机构之间的交流，优化了档案管理的流程。

（一）档案的来源机构

档案的来源机构指的是档案产生的机构或者立档单位对档案进行整理的机构，其机构管理模式、运行方式、存储方式等都直接或间接地与信息化建设产生关联。

目前档案的来源机构按其存在的形式可以分为两类，一类仍然采用手工的方式管理档案，所存储的档案的形式多为纸质的材料，要实现档案管理的信息化，当前需要做的是利用现代技术来进行大量的信息录入工作和纸质扫描加工的工作。另一类是档案管理部门已经有信息化的系统，那么档案的管理机构就需要将现有的电子资源进行分门别类，使其格式统一，采用电子与纸质档案并行归档的双轨制运行方式，构建现代化、科学化的档案管理。

（二）高校档案室

高校档案室的档案工作主要体现在两个方面，首先是对现有的档案内容进行管理，主要是对电子文件的各项工作实施管理，对电子文件的收集、鉴定、著录、归档等环节进行指导与监督，确保电子文件的真实与完整，逐渐加强档案管理与文件管理的统一。其次，需要对现有的档案进行数字化的处理，力图建立起一个全面化的数字化的档案室，不仅在内容上获得拓展，还要在数量上占有绝对优势。

高校的档案室是实现信息化建设的重要建设阵地，应该统筹到信息化建设中去，根据高校发展的情况去制定相应的方案，实现高校档案室管理效率的提升。

（三）档案用户

档案用户主要指的是档案的利用者，档案的利用者的特征是使用的范围较广、类型繁多，需求上也存在着差异，呈现出个性化、多元化的特点。信息时代，人们对档案资源的利用意识在逐渐提高，因此对档案的管理也提出了更高的要求，主要体现在对档案信息的真实性提出了更高的要求，同时也对档案资源的进一步挖掘与综合性的检索提出了更高的要求，要求输入关键词之后可以迅速得到相应的搜索结果来满足搜索需求，为用户利用档案资源提供便利。

二、工作人员意识范围

档案管理人员需要配合档案系统开发人员了解档案信息化建设的真实需求，高校人事档案的信息化建设需要在全局范围内形成一种共识——电子文档是未来人事档案发展的必然趋势，所以档案管理的人员需要全员参与到档案信息化系统的构建中去，实现电子文件管理的标准化与规范化，真正推动信息化建设。

档案管理人员投身到信息化建设中去是信息化建设的必要要求。在信息化的工作环境中，电子信息系统已普遍存在，机构内部的信息交流完全以电子的方式进行，为了保证电子文件内容的真实性，就需要重视整个系统内数据和信息的管理问题。电子文件的管理是从文件的形成之日开始的，能够提供信息查询，满足用户的实际需要或作为未来的凭证，但变幻的数字代码很难保证与纸质文件一样内容全真。

因此，我们需要建立一个对电子文件从形成、运转、处理，到一部分的电子文件转化为电子档案，再到对电子档案的利用、迁移和销毁的过程进行控制与管理的计算机自动管理的软件系统。这个系统能自动记录电子文件的元数据和各种背景信息，能够对电子文件和电子档案进行管理与利用，能够保证电子文件和电子档案的行政有效性和法律的真实性，同时这个系统也能接受纸质的信息并对其进行管理。档案管理的各种需求必须在电子文件生成之际乃至生成之前予以界定并置于系统中。

所以档案管理者不仅要参与到信息化系统的构建中去，还要在思想与工作习惯上转变，逐渐由传统的工作模式向信息化的档案管理模式转变。档案管理的对象就是客观存在的信息，这些信息在未来更新的频率将更高，将需要更细的分工作为支持来进一步推进信息化建设。档案工作者的自身的素质也需要不断加强，在日常的工作与学习中，学习管理现代档案管理的一些新的理念与管理方法，及时了解新的档案系统开发的硬件、软件系统，提高自身的信息掌握能力及信息处理能力。

三、信息化业务范围

（一）法律法规与标准规范

1. 法律法规

法律法规相关的内容主要包括国家相关的档案管理法律法规、干部人事档案管理的相关规定、档案知识产权保护、校级档案的管理等。

2. 标准的体系化构建

档案信息化建设是档案管理工作的标准化、规范化的延续，以此规定电子文件的格式。数字档案的著录标准、检索标准、全文数据库标准、安全标准等都是信息化建设的具体体现。

3. 档案信息的存储、利用

档案的信息资源想要延长其服务年限，就需要将档案信息转化为电子档案信息，实现对网络信息的精确化寻找、数字信息资源的管理、数字信息的保管，这些都是档案工作者必须考虑的因素。

（二）信息化理论

档案管理的信息化理论可以帮助档案管理者管理档案的电子文件，包括电子文件的数据规范、管理标准、管理要求、管理方法以及管理的条件等。因为在当今时代大的环境下，互联网、计算机技术已经走向成熟，其普及的程度也越来越高，需要人们在领域里进行转化，对于档案管理来说也需要依托现有的计算机技术以及高校的相关的信息化经验来推进人事档案信息化的进程，需要对档案管理工作做一个全面的定位，其理论方面的构建对现实中的信息化管理工作的开展起到了积极的作用。

（三）数据备份

为了确保档案的安全，应该加强对高校档案的安全性管理，最可靠的办法是对档案资源进行备份，日常的备份包括系统的选择、数据程序的备份、备份信息的迁移、备份信息的异地存放等。

（四）数据库

数据在形成一定的规模后就需要建立档案的数据库，档案的数据库是档案信息化构建过程中的基础环节，也是最为重要的环节，直接关系到建成之后用户提取数据的便利程度。一般数据库的构建需要从数据库建设、数据库管理、数据库存储、数据库存储利用等方面进行。

（五）安全保障体系

安全性是信息化档案管理工作顺利开展的前提，在实现人事档案信息资源的共享的同时，主要依靠科学技术对档案信息在传输的过程中的安全提供保障，因此需要依据现代信息技术来实现安全防护与科学管理。

（六）网络交互平台

网络是数字化档案信息传递的通道，网络设备的普及与应用，影响着网络数据用户的发展。另外由于档案数字信息存储在不同地域的各个数据库中，用户若想利用这些信息，就需要一个交互式的平台。这个平台可将分布在各个地域的数字化档案信息联合起来，提供跨平台的检索服务。

（七）管理与培训

用户是指那些接收信息服务的个体或群体，其信息需求是信息资源管理系统构建和运行的基础。在网络互联互通的环境下，用户将不再是传统意义上的面对面的实实在在的用户，而是虚拟的用户，一方面档案信息使用权限要明确，用户身份需要识别，对用户实行授权式管理；另一方面为用户提供一种获取档案信息的环境，让档案信息用户随时了解档案信息的管理状况，保证档案信息资源的开发与利用的良性循环。为了能够通过网络系统很好地利用信息，需要对用户进行应用培训。

（八）创新服务

转变服务观念，开展创新服务，充分利用现代网络技术主动地、不受时空限制地提供信息服务，遵循市场规律，把档案信息变为社会经济资源，把档案价值转化为经济效益。

第二节　高校干部人事档案信息化建设管理的基本要求

在进行高校干部人事档案管理信息化系统建设的过程中，对信息化管理在功能及数字处理方面提出了新的要求。这样不仅确定了高校干部人事档案管理的发展方向，还对干部人事档案管理的数字化构建提出了具体的发展要求。

一、在功能上要求高校人事档案管理朝着数字化、信息化、知识化方向发展

现代科技的发展对高校人事档案管理提出的功能要求主要表现在四个方面，即核心功能、信息处理功能、简单操作功能、共享与安全功能。这些功能上的要求反映了计算机技术对各领域的影响，表现在档案管理领域，就需要转变档案管理的管理模式，改建传统的模式，发展新的模式，立足现在，展望未来，使档案管理朝着数字化、信息化方向发展。

（一）核心功能

信息化建设中首先要把档案资源从分散的信息转换成信息化的文件，信息化的档案管理系统所涵盖的是档案信息管理的整个过程，将纸质的或者初始的信息资源经过数字化的加工与处理，最终形成电子版的文件。然后采用自动化的办公系统，实现相关当事人对文档的确认。从流程运转来看，处在一个有机循环的过程，实现了档案文档资源的有序、循环利用。同时，工作流的处理可以根据文档的状态网络自动调整，也可根据工作的实际需要自动调整，大大缩短了传统档案文档所需的时间，有效提高了档案管理人员的工作效率。

（二）信息处理功能

信息处理功能所反映的是现代信息化档案系统对信息的处理能力，档案管理系统是一个综合性的信息系统，具备强大的检索功能，同时采用多种检索方法，提高了对不同类型档案的搜索效率。现代信息化档案系统根据相关的信息处理及分析能力，建立起适应人事档案管理部门需要的人事管理系统，可以成为档案管理部门的有力工具。

（三）简单操作功能

信息化的构建是基于复杂的计算机技术、网络技术呈现出的简单化操作，其主要的功能也是为了操作简单，操作中的设计尽量个性化与简单化。每一项功能的设置都应该从使用者的角度进行设置，在简化搜索流程的过程中提供更多的信息引擎，帮助用户了解档案信息资料。档案信息化管理实现了各种系统之间的优化配置，档案管理系统帮助档案管理人员自动完成文档的相关的鉴定、审批、归档、保存等环节，使其操作简单、快捷、便利。

（四）共享与安全功能

档案信息化的最高目标是实现档案资源的共享，在共享的同时还能保证档案资源的安全性。档案管理系统通常运用多种技术来实行对档案信息资源的科学化、信息化管理，以实现信息数据的高速安全传输，避免孤岛现象的发生，同时也杜绝资源重复造成的浪费。档案信息化与自动化的办公系统联系在一起，通过高科技的转化，进入文档管理系统，实现了档案的接收与处理，最终实现电子档案的共享与传输。

二、在数字处理上要求对数字化的信息资源进行原始、客观、完整的反映

（一）要求档案信息的原始性

原始性强调的是信息资源客观地反映当事人的工作情况，这也是档案信息最显著的一个特征，因此档案信息化的过程中需要对档案资源原封不动地转移，体现了其非修改性。有的时候档案的整理中可能出现某些破损的资料，需要修复的部分也需要根据原始的资料进行录入。音像制品的数字化转换也应该尽量保持其原样，这样永久化保存的资料才有意义。

（二）要求档案信息的质量与安全

质量是档案管理工作的一个重点，需要强调的是电子信息资源与纸质信息的唯一不同是其实现了无纸化，无纸化是为了适应现代的管理需要而产生的，形式的改变不会带来内容及质量上的变化。信息化的电子档案也应该有完整的格式、时间、证明、签字、印章等基础性材料。电子档案在归档之后需要妥善保管，要进行备份，保证其安全性。

（三）要求档案保持其系统性

档案信息化工作是一个系统性的工作，涉及的领域较多，范围较广，其在一个有机的系统中逐渐实现信息的共享，共享是最终的目的，其中涉及的各个环节之间是紧密联系的，包括档案在系统中的分类等都是对档案信息的系统性的构建。在该系统中，信息资源相互独立又互相联系，共同形成当事人的全部的信息资源。

第三节　高校干部人事档案信息化建设管理内容

档案信息化建设主要包括基础设施建设、应用系统建设、人才队伍建设、档案信息资源建设和档案信息安全保障系统的安全等五个方面的内容。

一、基础设施建设

基础设施建设主要指档案信息网络系统、档案数字化设备相关的建设。基础设施建设在人事档案信息化管理中所扮演的角色是实现档案信息传输、

交换、资源共享的基础性条件，只有建起了先进的档案信息网络系统，才能充分发挥档案信息化的整体效益。档案信息化的基础设施建设主要包括网络基础设施的建设、网络数据库建设两大内容。

（一）网络基础设施建设

网络基础设施建设主要是以计算机技术以及通信技术为基础，以现代技术为依托的设备，将多个计算机连接起来，通过配置网络管理软件系统进行信息传递，最终实现信息化档案的资源共享。网络基础设施建设包括软件系统与硬件系统。网络软件系统包括网络管理软件、IP 地址管理、服务器数据管理、因特网节点控制、防火墙系统等。网络的硬件设施主要包括网络布线、交换机、路由器、配线柜、电源等设施，服务器、终端计算机、输入输出和存储编辑等设备。软件与硬件相结合，最终形成完善的网络系统。

（二）网络数据库的建设

数据库指的是用来放置数据的仓库，是按一定的功能分类来实现的，是综合各种用户数据的集合体，数据与资源相结合，共同组成了网络数据库。网络数据库的建设主要分为数据库的环境建设、数据库的信息资源建设、经费的支持以及技术的支持这四个方面。

环境建设主要围绕的是数据库的外部环境建设，统称为数据库的硬环境建设。数据要存储与流通，需要借助数据库的外部环境，包括计算机网络技术终端、网络通信设备、安全的网络环境、技术设备等。环境建设主要建设的是资源数据库的信息运行环境，主要从物理结构、逻辑系统上进行构筑。

数据库的信息资源建设指的是运用现代的信息技术对高校干部人事档案进行数字化、信息化处理与存储，是档案信息化建设的基础和核心，是一项长期的工作。档案信息是国民经济和社会发展的战略资源之一，它的开发和利用是决定档案信息化建设成败的关键，也是衡量档案信息化水平的重要标志。数据库是档案信息资源的重要集合场所，所搜集到的档案信息资源都储存在数据库中，用户只要输入关键字就能完成对信息资源的利用，极大地便利了人们利用档案信息资源的方式，为高校的干部人事档案管理实现专门的数据化建设提供了前提与基础。档案信息资源建设主要内容包括馆藏档案的数字化与电子文件的采集和接收。档案信息资源建设主要形式包括馆藏档案目录中心数据库建设、各种数字化档案全文及专门数据库建设。

经费的支持主要指的是信息化建设中的硬件及软件设备的采买需要得到

足够的资金支持，才能实现信息化过程的稳步推进，包括信息化数据库建成之后的维护以及升级等的资金都是实现网络基础建设的前提条件。

技术的支持也贯穿于整个信息化建设的始末，档案信息化的建设需要高科技的支持，需要一批懂技术的人员积极投身到管理和开发数据库的工作中，可以说系统开发的好坏直接关系到系统之后的运行的便利与先进程度。信息化系统无论在建设的前期、中期、后期，还是投入使用后，都需要重视技术，保持技术与信息化建设的同时发展，可以说技术是推进信息化建设的重中之重，只有依托技术的支持，信息化建设才能不断迈向新的台阶。

二、应用系统建设

应用系统建设的主要内容包括人事档案信息的收集、人事档案信息的管理、人事档案信息的利用、人事档案信息的安全等方面，它关系到档案信息化建设的速度与质量，集中体现了档案信息化建设的效益和档案信息服务的效果。

三、人才队伍建设

目前国家的信息化发展的要求与当前高校的信息化人才队伍的素质之间的差距较大，需要快速改变这一局面。当前的高校档案部门的员工由专业的人员和非专业的人员组成，专业的人员主要指的是信息技术专业人员，主管技术方面的工作，而非专业人员一般从事档案管理的工作，档案管理人员对技术人员所从事的工作并不了解。信息化建设需要复合型的人才，目前的高校需要加快对档案信息管理人才队伍的构建。需要强调的是档案管理的人才队伍是档案信息化建设不可或缺的力量，也是信息化建设的主要承担者，要实现档案信息化建设就必须加快人才队伍的建设。

（一）人才队伍构建

要构建符合信息化建设要求的档案管理人员，需要在档案管理与利用上改变传统的管理模式，实现人才队伍的构建，包括三部分。一是档案信息化建设的领导组织体系。这一体系构成了信息化建设的核心，主要负责信息化建设的整体规划、指导与推进的工作，为信息化建设提供良好的发展环境，迅速推进相关的信息化进程。二是档案信息化相关的专业技术人员，主要负责的是高校信息化建设的系统设计与规划。三是档案信息化构建中的负责整理、积累、开发档案信息资源的专门的档案信息人才，负责档案规划具体内容的实施。

（二）人才队伍的信息素质培养

不仅要构建档案管理的人才队伍，还要加强人才队伍的信息素质的培养，培养他们的现代信息意识及信息管理能力、市场预见能力等方面的能力，使高校的人事档案管理工作能在大的信息化背景下具备核心竞争力，真正地为现代的人事档案管理提供便利。

具备现代信息意识的档案管理人员能紧跟时代的步伐，积极更新档案管理信息化的技术，实现管理上的创新，更好地推进高校的人事档案信息化建设。现代信息化时代的发展对高校的档案管理人员提出了更高的要求，档案管理人员需要不断更新理念与知识，加强自我知识的积累，提升自身的能力，努力提高自身的素质，快速投身到信息化建设中去，为档案管理工作的现代化贡献更多的力量。

信息管理能力指的是对档案相关的信息资源的评估能力、组织能力、维护能力，档案管理工作的核心与任务是为了提升利用者的利用率，现代社会的各方面的信息量较大，为了用户能及时获取有价值的信息资源，需要档案管理人员具备较强的能力，正确地评价档案信息资源的内在价值，根据用户的需求，筛选组织信息资源，为广大用户的搜索提供更多便利。

市场预见能力主要体现的是对未来档案信息化发展的认识。在前期的信息化系统开发时，需要做大量的市场调研，依据对用户的调查结果来制定策略并及时地调整策略。档案管理人员要提升自身的业务能力素养，不断地提升自我，通过不断的了解、掌握最新的技术与技能，实现高校档案管理的信息化构建，信息化构建的程度越高，说明与信息化的关联度越高，对用户的帮助就越大。

总之，信息化人才队伍的构建需要打造一支具备现代化信息素质，具备专业的知识背景，能不断适应新的环境，学习新的知识，适应新的变化，兼具知识、技能、技术的复合型的人才队伍。

四、档案信息资源建设

档案信息资源建设在信息化建设的过程中占据核心地位，是验证信息化构建水平的关键性因素。档案信息资源建设包含以下几个方面。

一是馆藏档案，它是传统档案中的重要的信息资源存在形式，馆藏档案的数字化需要快速推进，需要将大量的馆藏档案信息进行电子化、数字化的转换。

二是电子文件，主要对现有的电子文件进行接收以及管理，进一步扩展信息化数据库的数量与规模，这也是档案信息化建设的重要内容。

档案信息资源建设需要遵循以下原则。

（一）标准化原则

档案信息资源的建设需要走标准化的道路，要制定统一的标准、规范的管理制度。标准化原则表现为标准化的技术模式、文本格式、工作标准，这样可以避免因为格式的不同或是平台的不同而影响信息资源的共享。

（二）安全性原则

信息化建设需要保障档案的安全问题，安全是档案信息化建设的首要条件。要遵循安全性原则，需要在三个方面保证档案的安全：首先是档案信息化建设过程中要保持纸质文件原件的安全性；其次要保护原始资料的安全性，表现在电子文件转化的过程中需要保持原有的信息资源的原始性；最后在使用的过程中，要做好档案信息的保密工作，需要不断地将档案信息的安全系数提高到一个新的高度。

（三）系统性原则

档案管理信息化系统的构建，需要结合高校在建设信息化系统过程中的侧重点，前期对高校各部门之间的联系进行统筹，之后在系统化构建过程中还要对人力、物力、财力等进行统筹，在流程、技术、数字化系统建设方面系统实施，将阶段性的目标与原景目标结合在一起，处理好整体与局部之间的关系，实现与信息化构建的协同发展。

（四）效率原则

一般情况下，面对流程多、涉及面较广的系统建设，需要考虑工作质量与效率，需要在执行之前找到最佳的实施方案，需要不断优化系统各个环节的工作流程，提高工作效率。

五、档案信息安全保障系统的安全

保障档案信息的安全技术主要包括数据加密技术、访问控制技术、认证技术等。

（一）数据加密技术

加密技术用于档案信息传输的过程中的加密与解密，同时也用于认证或是数字签字等安全通信标准及安全协议，数据加密技术是网络安全的基础。

信息化系统实质上是一个虚拟的电子世界，为了确保用户身份的合法性，确保用户能够在安全的环境中实现信息的共享，就需要数据加密技术作为支撑。目前的数据加密技术用在用户身份识别上的方法主要有以下几种。

第一，采用通用字口令。口令主要指的是相互约定的代码，假定只有用户和系统知道。口令有时由用户选择，有时由系统分配。它一般是由数字、字母、特殊字符、控制字符等组成的长为 5～8 的字符串。用户登录进入系统时会被要求输入通行字，系统通过比较用户的输入与存储在机器中的资料对用户的合法性进行判别。口令也有可能被攻破，对抗口令加密通常采用加密、签名等方法，但最重要的是进行口令管理，包括选择、分发和更改等。

第二，采用生物识别的方式，主要是依靠身体征来进行身份确认，最常用的就是人脸识别。人体呈现出的特征处在一个相对稳定的状态，这一生物识别特征无法被复制，也不会发生遗忘或是盗窃，依据其不可复制性可以进行身份的验证。生物识别具有稳定性、唯一性与再生性，成为一种新型的识别方法运用到不同的领域之中。近年来的视网膜识别技术是生物识别技术的进一步拓展，具有广阔的空间，对档案信息化管理来说，也是一个可以借鉴的方法。

第三，采用信息加密的方式。信息加密技术是信息安全的保障以及核心，加密指的是用一组编码存储和传递已有信息的技术，编码之后的信息像是乱码，需要在解码后才能复原。这样就保障了档案信息的安全性，未授权的用户即使看到了信息，也是乱码，不会带来任何不良的影响。一般来说主要由一对称为秘钥的数字控制，一个负责加密，一个负责解密。

（二）鉴别信息

鉴别信息主要通过数字签名、数字水印两个方面来实现。

1.数字签名

数字签名又叫公钥数字签名，指的是只有信息的发送者的电子签字生效后才能产生的、别人无法伪造的一段数字串。这段数字串同时也是对信息的发送者发送信息真实性的一个有效证明，具有不可否认性。数字签字类似写在纸上的普通的签名，主要运用公钥加密领域的技术来鉴别数字信息。一套数字签名通常定义两种互补的运算，一个用于签名，另一个用于验证，两大运算可以实现优势互补，推进信息的安全建设。数字签名是对非对称密钥加密技术与数字摘要技术的应用。

中国于 2004 年公布了第一部关于信息化领域的《电子签名法》，使电子签名具有了与传统的手写签名与盖章同等的法律效力，加快了电子文件法律效力的进程。

2. 数字水印

数字水印最早用于鉴别纸币的真伪，经过不断的发展，目前数字水印开始运用在档案信息化构建中。

首先是利用数字水印脆弱性的特点，来判断和维护电子档案的原始性。脆弱水印又被称为易损水印，通常被用在数据的完整性保护上，当数据发生变化时，易损水印也会随之改变，从而可以得知数据是否完整。可以说脆弱水印对数据的改变感应非常灵敏，当需要验证电子文件的内容是否真实的时候，可以将数字水印提取出来，利用易损水印的脆弱性来验证，还可以在必要的时候确定其改变的位置，及时进行更改。

其次，可以利用数字水印来保护档案的著作权。在档案信息化的构建过程中，档案的管理也和图书一样会有著作权保护的问题，因此在进行信息化构建的时候需要去关注著作权保护的问题，在上网传输信息的时候要格外关注著作权的问题。此外，档案编研作品是档案编研者的具体成果，也明显具有著作权。

（三）信息的安全管理

信息资源生成为数字化形式之后，需要在档案管理的各个环节注重其安全性的问题，因为在任何一个环节信息资源都有发生丢失或是更改的可能，需要进一步加强其安全管理，所以需要及时制定安全管理制度，优化整合档案管理的流程，实现科学、合理的管理。安全的管理主要管理的是电子文件的原始性与真实性。

电子文件的管理不仅要注重每个阶段性的结果，同时还要注重目前档案管理的过程，在工作的过程中需要做到以下几点。

一是电子文件的管理的各个环节要做到责任落实到个人，即制作人员对制作的文件负责，尤其在大型的设计项目中，需要对人员的工作职责范围划分清楚，这样就可以规避一些不必要的问题。

二是要建立严格的管理制度。归档的电子文件需要使用光盘进行存储，电子文件需要做写保护处理，保存在只读的状态。在对电子文件进行整理及格式的调整时，要特别注意转化的过程中的信息保存的真实度，对电子文件要及时进行安全性的处理，一旦发现有信息丢失，需要及时采取维护措施，进行修复或拷贝，以此来实现科学的管理。

三是注重加强对电子文件的收集与整理。电子文件形成之后，需要对电子文件进行进一步的管理，需要对分散的电子文件进行搜集与整理。一般来说，对已经定稿的电子文件，需要修改的时候要走批准手续，对修改与修复的电子文件需要记录在案。

四是归档制度的建立。归档的时候，需要对电子文件的完整性、可靠性、真实性进行全面的检查，需要检查的内容包括以下几个方面：是否新颖的目录、应用软件、说明等配套资料一同归档，归档的电子文件是否与纸质文件的内容一致，归档的电子文件是否是最终的定稿，软件的原程序是否与文本保持一致等。

五是建立电子文件管理的记录系统。电子文件随着载体的不同有时会呈现出不同的形式，需要有相关的记录来证明发生变化了文件的真实性，所以每一份文件需要建立电子文件管理的记录系统，记载文件的始末、使用情况、变更情况等，这些记录可以有效地证实文件内容的真实性。

六是关于电子文件利用方面的管理、电子文件入库的载体规定不得外借，所以需要的时候通常采取拷贝的方式，对电子文件访问要设置权限，防止非相关的人员对文件系统的非法访问造成严重的后果。

（四）信息安全方面的管理

信息的安全还包括信息的物理安全，主要表现在需要对文件进行防火、防盗、防有害物质，这主要针对的是纸质档案，当然随着信息化建设的不断推进，纸质档案所占的比重将逐步减少，但纸质档案并不会消失，所以物理安全上的管理仍然需要加以重视。数字档案管理的安全维护与传统的纸质档案管理的安全维护的区别较大，但两者之间的关系并非是对立的，它们之间有着密切的关系，对于传统的档案管理的安全维护同样适用于数字化管理。所以完整有效的档案管理系统应该包含以下几个方面。

（1）包含计算机、磁盘在内的各种媒体介质的管理。

（2）机房环境管理。

（3）通信设备的管理。

（4）计算机工程技术人员、计算机网络管理员的管理。

（5）信息采集定密管理。

（6）用户权限管理。

（7）操作规程管理。

（8）安全意识、人员安全、保密教育等。

（五）标准规范建设

标准规范建设是针对电子文件的形成、归档和电子档案信息资源标识、描述、存储、查询、交换、网上传输和管理等方面制定标准、规范并实施的过程。档案信息化建设过程中制定的标准、规范相当于信息高速公路上的"交通规则"，对于确保计算机管理的档案信息和网络运行的安全、畅通，具有十分重大的意义。

（六）人才队伍建设

档案信息化建设，人才是关键，人才是最宝贵的资源。档案信息化建设不仅需要档案专业人才、计算机专业人才，还需要既懂档案业务，又熟悉信息技术的复合型人才。

结　语

信息化、数据化高速发展的今天，网络与技术改变了人类获取信息与知识的途径，网络带来的自动化、流程化、信息化改变了人们的生活方式。信息化的高校干部人事档案管理的构建，正是顺应社会时代的发展，适应高校实际需求的结果。21 世纪是信息爆炸的时代，纸质档案正在进行数字化的转型，这种形式给信息的收集者与管理者都带来了自动化的便利。

高校干部人事档案正在向着互联网化、信息化、大数据化、智慧化的方向发展。

一、高校干部人事档案管理与互联网的深度结合

网络时代带来的是全新的生活与工作方式，以及全新的管理模式与思维方式。电子化的档案管理是未来高校干部人事档案构建的重点项目，高校干部人事档案管理借助互联网技术，在沟通、收集、存储、查询等方面实现了现代化的档案管理。引入互联网技术的高校干部人事档案管理不仅大大节约了人力成本，还能提高高校干部人事档案的利用次数。目前在学生档案管理方面取得良好效果的学信网就是一个突出的案例。随着互联网技术的不断创新与发展，未来高校干部人事档案管理也将利用互联网技术不断发展，目前很多高校都在尝试构建现代化的高校干部人事档案管理的新模式，互联网技术为档案管理的发展与优化带来了前期的技术保障。

二、高校干部人事档案管理与信息化的不断优化

信息化与电子化是现代社会科技创新的产物，现代高校的档案管理都在加快档案管理的信息化与电子化，在完成人事档案与互联网的"联姻"之后，需要建构现代化的、适合电子档案管理的信息数据库，高校干部人事档案管理的未来发展一定是沿着档案的服务功能延伸，不仅能使干部当事人可

以查询自己的档案，看到较为详细的资料，还有利于高校干部人事管理部门对干部的选用，有利于其充分挖掘干部的才能，根据岗位的需求，在充分了解干部情况的前提下，选拔适合岗位的干部，来优化岗位的配置。在这一过程中，档案管理所起的作用是巨大的。所以高校干部人事档案管理的实现需要依托现代化的信息构建系统，积极将海量的信息进行甄选与存储，定期更新干部的档案信息，实现资源的共享与服务。

三、人事档案管理呈现人性化发展趋势

人事档案管理工作的最终目的是为人们提供服务，所以在档案管理的过程中，要贯穿于以使用者的使用体验为中心，凸显出人性化的管理方式。我国的高校干部人事档案管理紧随档案管理、干部人事档案管理的步伐，不断改革，注重干部人事档案管理的人性化发展。在干部人事档案管理过程中，管理者应该在思想深处转变对档案管理的认识，使档案管理由单纯的整理、保管、使用不断转变为用心记录每一档案当事人的具体信息，不断利用现代化的技术手段提高档案管理的服务水平，对于干部人事档案管理涉及的流转过程，信息记录要反复确认并保证每个被记录者成长轨迹的准确性，明确自身的服务者地位，充分展现出档案管理的人性化特点。具体要在以下几个方面下功夫。

首先，高校干部人事档案管理工作需要实现干部材料归档内容的透明化。收集的过程中，利用互联网技术来提高收集的效率，还要保证个人信息的收集与归档处在一个公开的状态，而不是秘密进行，对于收集的方式、方法及需要注意的环节，需要让当事人知晓，应该以适当的方式通知当事人建档的相关内容，为日后当事人的使用与发展提供依据。

其次，高校干部人事档案管理工作需要进行档案的规范化制作。个人档案所涉及的内容琐碎且复杂，需要在一定的范围内实现档案管理的规范化。目前，对于干部的考核主要分为德、能、勤、绩等方面，未来这些方面将朝着更加细化的方向发展，以一种具体化、形象化的事件更明晰地进行展示，突出其工作的成绩，逐渐实现量化收集。如今存在的档案造假现象、干部的职称评聘混乱问题，与人事档案制作的不规范有着较大的关系，所以只有实现档案的规范化管理，才能使人事档案管理工作实现人性化管理，才能最大限度地发挥人事档案的作用。

最后，高校干部人事档案管理工作需要朝着法制化的方向发展，主要表现为收集时要注重收集具有法律效力的文件，要有保存"铁证"的观念。档

案管理部门还要保障干部的个人信息不被泄露。干部人事档案管理部门的工作是管理人事档案，当事人有权了解自己的人事档案的内容是否合理与合法。在不违反相关规定的前提下，档案管理的干部当事人需要对自己的哪些档案被保存以及档案归档过程中的各个程序有一个大致的了解。另外，在管理干部人事档案过程中，干部有权提出对不合理的信息进行补充与修正。总之，干部人事档案管理要实现人性化，就需要在档案管理的各个环节遵循公平、公正、公开的原则，积极调动干部自身的积极性来配合档案的收集与管理工作，使干部人事档案充分发挥服务功能，在构建和谐社会中发挥越来越大的作用，推动社会主义建设。

四、干部人事档案管理的智慧化

对高校干部人事档案管理进行信息化、数据化建设之后，未来的高校干部人事档案的管理将沿着智慧化的方向继续发展。未来将不断通过智慧化的技术手段推动对数据资料的分析、提取。智慧化的干部人事档案管理主要包括智能化分析、智能化提取两方面。

所谓智能化分析，主要是对高校干部人事档案数据进行处理、挖掘、预测等，最终呈现给大众的是可视化的图表、动态影像、语音解说等形式。这样的形式与文本相比具有直观性，使观看者可以直观地了解数据的属性、变化、未来发展趋势等信息。这些形式的产生需要依靠智能化的设备进行前期的数据收集，再运用智能化设备进行数据分析，以技术化的手段呈现给观看者，这无疑给高校人事档案管理带来了极大的便利。

所谓智能化提取，主要指的是关键词检索技术。这一项技术是针对搜索需要的，类似于主流搜索引擎百度、谷歌等常用的检索手段，对包含关键词的文本内容进行显示，也是干部人事档案管理智慧化的最初级版本。

智能化提取还指音视频检索技术。通过对数据库内的音视频文件关键帧识别技术，检索出包含对应关键帧的音视频文件资料，主要用来检索干部档案资料库中留存的个人录音、录像资料。这是干部人事档案管理智慧化的中级版本。

提取的智能化还涉及语音识别检索。这包括两个层面的含义，一个是管理者通过语音识别技术搜索关键字文档，无须使用键盘输入，更加便利；另一个是通过档案所有人自己的语音识别自己的音频档案资料，这一技术将在未来的干部人事档案管理中得到广泛的运用。

参考文献

[1] 中共上海市委组织部.干部人事档案工作常用文件选编和问题解答 [M].上海：上海人民出版社，2007.

[2] 金虹.干部人事档案管理实务 [M].杭州：浙江工商大学出版社，2019.

[3] 方德生.干部人事档案工作理论与实践问题研究 [M].北京：光明日报出版社，2016.

[4] 方德生.干部人事档案工作理论与实践 [M].北京：光明日报出版社，2013.

[5] 朱玉媛，周耀林.人事档案管理原理与方法 [M].武汉：武汉大学出版社，2011.

[6] 朱玉媛.现代人事档案管理 [M].北京：中国档案出版社，2002.

[7] 邓绍兴.人事档案教程 [M].北京：中国传媒大学出版社，2008.

[8] 王法雄.人事档案管理概论 [M].武汉：湖北人民出版社，1984.

[9] 陈媛华.大数据时代的高校人事档案管理创新 [M].成都：四川大学出版社，2015.

[10] 杨学锋.现代化档案管理与服务研究 [M].北京：中国商务出版社，2018.

[11] 王晓珠，袁洪.高校档案管理探索 [M].昆明：云南大学出版社，2011.

[12] 王芝兰.高校档案规范化管理 [M].长沙：湖南师范大学出版社，2012.

[13] 许秀.高校档案管理与信息化建设研究 [M].哈尔滨：哈尔滨工业大学出版社，2019.

[14] 赵娜，韩建春，宗黎黎，等.信息化时代的档案管理精要 [M].天津：天津科学技术出版社，2018.

[15] 杨学锋.现代化档案管理与服务研究 [M].北京：中国商务出版社，2018.

[16] 杨公之.档案信息化建设实务 [M].北京：中国档案出版社，2003.

[17] 中国法制出版社.干部人事档案工作条例 [M].北京：中国法制出版社，2018.

[18] 四川省档案局.档案信息化建设 [M].成都：四川人民出版社，2017.

[19] 刘亚静．档案管理信息化与自动化探索 [M]．天津：天津科学技术出版社，2018．

[20] 邓绍兴．人事档案学 [M]．北京：中国青年出版社，1990．

[21] 金波，张大伟．档案信息化建设 [M]．上海：上海教育出版社，2016．

[22] 董巧仙．档案管理信息化 [M]．郑州：大象出版社，2008．

[23] 王辉，关曼苓，杨哲．大数据环境下档案信息化管理 [M]．延吉：延边大学出版社，2018．

[24] 张照余．档案信息化理论与实践 [M]．北京：中国档案出版社，2007．

[25] 马仁杰，张浩，马伏秋．社会转型期档案信息化与档案信息伦理建设研究 [M]．上海：世界图书上海出版公司，2014．

[26] 苏晓丽．高校干部人事档案管理工作中存在问题与改革路径 [J]．科技资讯，2018，16（31）：235-236．

[27] 张炎敏，邓少莹．浅谈人事档案管理信息化 [J]．办公室业务，2019（1）：130．

[28] 唐诗佳．新形势下高校干部人事档案管理和发展探讨 [J]．办公室业务，2019（8）：171-172．

[29] 唐亚邦．新时代高校干部人事档案管理现状与对策 [J]．管理观察，2019（19）：154-155．

[30] 王月霞，韩世明．大数据时代西部高校人事档案管理系统信息化建设探究——以六盘水师范学院为例 [J]．办公室业务，2019（11）：58-59．

[31] 李明．高校干部人事档案管理现状分析 [J]．管理观察，2019（24）：129-130．

[32] 金虹．推进干部人事档案信息化建设的实践探析 [J]．浙江档案，2019（8）：62-63．

[33] 李明．大数据环境下创新高校干部人事档案管理的实现途径研究 [J]．传播力研究，2019，3（32）：226-227．

[34] 高谭．关于高校干部人事档案管理信息化建设工作的思考 [J]．科技信息（科学教研），2007（29）：471．

[35] 许冬玲．基于大数据的高校干部人事档案信息化管理系统架构理论模型 [J]．智库时代，2020（9）：249-250．

[36] 胡春玲．高校干部人事档案管理中常见的问题及对策 [J]．中外企业家，2020（13）：121．

[37] 林津．高校人事档案管理信息化探究 [J]．福建广播电视大学学报，2020（1）：

46–49.

[38] 呼俊迪.高校干部人事档案管理中常见的问题及对策 [J].兰台内外,2020(31)：25–27.

[39] 王云飞.新时代高校干部人事档案管理路径研究 [J].传播力研究,2020,4(22)：187–188.

[40] 赵思.浅谈高校干部人事档案管理工作存在的问题及对策 [J].杨凌职业技术学院学报，2015，14（1）：87–88，91.

[41] 唐菖霞.干部人事档案信息化管理研究 [J].中国管理信息化，2015，18（12）：218.

[42] 王苏.干部人事档案管理信息化之必要性探析 [J].才智，2015（19）：350.

[43] 刘红.高校干部人事档案管理工作存在的问题及对策 [J].边疆经济与文化，2015（11）：119–120.

[44] 钟红丽.关于高校干部人事档案管理工作的思考 [J].沙洲职业工学院学报，2016，19（4）：61–62.

[45] 曹卓瑜.信息化管理在高校人事档案管理中的运用 [J].山西档案，2016（6）：72–74.

[46] 周蕾.高校干部人事档案科学管理之路——信息化建设 [J].经贸实践，2017（1）：160–161.

[47] 任平.高校人事档案管理信息化建设 [J].兰台世界，2017（6）：45–47.

[48] 陈曼煜.刍议高校人事档案管理信息化建设 [J].山西档案，2017（1）：76–78.

[49] 朱守立，翟爱梅.高校干部人事档案管理现状及思考 [J].兴义民族师范学院学报，2013（5）：105–107，111.

[50] 刘慧郡.干部人事档案管理信息化的思考 [J].陕西档案，2016（2）：41–42.

[51] 张玮.干部人事档案管理信息化建设探析 [J].陕西档案，2013（3）：29.

[52] 张力英.浅谈干部人事档案管理信息化建设 [J].才智，2012（2）：348–349.

[53] 陈小红.信息化视野下的高校人事档案管理对策 [J].北京档案，2010（10）：28.

附录一 《干部人事档案工作条例》

第一章 总则

第一条 为了贯彻新时代党的组织路线，落实从严管理干部要求，充分发挥干部人事档案在建设高素质专业化干部队伍中的重要作用，推动干部人事档案工作科学化、制度化、规范化，根据《中国共产党章程》等党内法规和《中华人民共和国公务员法》《中华人民共和国档案法》等国家法律法规，制定本条例。

第二条 干部人事档案是各级党委（党组）和组织人事等有关部门在党的组织建设、干部人事管理、人才服务等工作中形成的，反映干部个人政治品质、道德品行、思想认识、学习工作经历、专业素养、工作作风、工作实绩、廉洁自律、遵纪守法以及家庭状况、社会关系等情况的历史记录材料。

第三条 干部人事档案是教育培养、选拔任用、管理监督干部和评鉴人才的重要基础，是维护干部人才合法权益的重要依据，是社会信用体系的重要组成部分，是党的重要执政资源，属于党和国家所有。

第四条 干部人事档案工作必须坚持以马克思列宁主义、毛泽东思想、邓小平理论、"三个代表"重要思想、科学发展观、习近平新时代中国特色社会主义思想为指导，坚持和加强党的全面领导，坚持党要管党、全面从严治党，坚持德才兼备、以德为先、任人唯贤，坚持科学管理、改革创新，服务广大干部人才，服务党的建设新的伟大工程，服务新时代中国特色社会主义伟大事业。

第五条 干部人事档案工作应当遵循下列原则：

（一）党管干部、党管人才；

（二）依规依法、全面从严；

（三）分级负责、集中管理；

（四）真实准确、完整规范；

（五）方便利用、安全保密。

第六条　本条例适用于党政领导干部、机关公务员、参照公务员法管理的机关（单位）工作人员（工勤人员除外），国有企事业单位领导人员、管理人员和专业技术人员的人事档案管理工作。

第二章　管理体制和职责

第七条　全国干部人事档案工作在党中央领导下，由中央组织部主管，各地区各部门各单位按照干部管理权限分级负责、集中管理。

第八条　中央组织部负责全国干部人事档案工作的宏观指导、政策研究、制度建设、协调服务和监督检查。

建立由中央组织部牵头、中央和国家机关有关部门参与的干部人事档案工作协调配合机制，研究完善相关政策和业务标准，解决有关问题，促进工作有机衔接、协同推进。

第九条　各级党委（党组）领导本地区本部门本单位干部人事档案工作，贯彻落实党中央相关部署要求，研究解决工作机构、经费和条件保障等问题，将干部人事档案工作列为党建工作目标考核内容。

第十条　各级组织人事部门负责本地区本部门本单位干部人事档案工作，建立健全规章制度和工作机制，配齐配强工作力量，组织开展宣传、指导和监督检查。

第十一条　中央组织部负责集中管理中央管理干部的人事档案。

第十二条　中央和国家机关各部委、参照公务员法管理的机关（单位）组织人事部门，中管金融企业、中央企业、党委书记和校长列入中央管理的高校组织人事部门，负责集中管理党委（党组）管理的干部（领导人员、管理人员、专业技术人员，下同）和本单位其他干部的人事档案。

第十三条　省（自治区、直辖市）、市（地、州、盟）党委组织部门负责集中管理本级党委管理干部的人事档案；省、市级直属机关和国有企事业单位组织人事部门集中管理党委（党组）管理的干部和本单位其他干部的人事档案。

县（市、区、旗）以下机关（单位）的干部人事档案可以按不同类别、身份，由县（市、区、旗）党委组织部门、人力资源社会保障部门等分别集中管理。

第十四条 根据工作需要，经上级组织人事部门批准，有关机关（单位）组织人事部门可以集中管理下级单位的干部人事档案。

第十五条 干部人事档案工作人员和与其档案管理同在一个部门且有夫妻、直系血亲、三代以内旁系血亲、近姻亲关系人员的档案，由干部人事档案工作人员所在单位组织人事部门另行指定专人管理。

第十六条 组织人事部门应当明确负责干部人事档案工作的机构（以下简称干部人事档案工作机构），每管理1 000卷档案一般应当配备1名专职工作人员。有业务指导任务的干部人事档案工作机构，还应当配备相应的业务指导人员。管理档案数量较少且未设立工作机构的单位，应当明确岗位，专人负责。

干部人事档案工作机构（含干部人事档案工作岗位，下同）的职责包括：

（一）负责干部人事档案的建立、接收、保管、转递，档案材料的收集、鉴别、整理、归档，档案信息化等日常管理工作；

（二）负责干部人事档案的查（借）阅、档案信息研究等利用工作，组织开展干部人事档案审核工作；

（三）配合有关方面调查涉及干部人事档案的违规违纪违法行为；

（四）指导和监督检查下级单位干部人事档案工作；

（五）办理其他有关事项。

第十七条 组织人事部门应当选配政治素质好、专业能力强、作风正派的党员干部从事干部人事档案工作。强化党性教育和业务培训，从严管理，加强激励保障。

干部人事档案工作人员应当政治坚定、坚持原则、忠于职守、甘于奉献、严守纪律。对于表现优秀的干部人事档案工作人员，应当注重培养使用。

第三章　内容和分类

第十八条 干部人事档案内容根据新时代党的建设和组织人事工作以及经济社会发展需要确定，保证真实准确、全面规范、鲜活及时。

第十九条 干部人事档案主要内容和分类包括：

（一）履历类材料。主要有《干部履历表》和干部简历等材料。

（二）自传和思想类材料。主要有自传、参加党的重大教育活动情况和重要党性分析、重要思想汇报等材料。

（三）考核鉴定类材料。主要有平时考核、年度考核、专项考核、任（聘）期考核，工作鉴定，重大政治事件、突发事件和重大任务中的表现，援派、挂职锻炼考核鉴定，党组织书记抓基层党建评价意见等材料。

（四）学历学位、专业技术职务（职称）、学术评鉴和教育培训类材料。主要有中学以来取得的学历学位，职业（任职）资格和评聘专业技术职务（职称），当选院士、入选重大人才工程，发明创造、科研成果获奖、著作译著和有重大影响的论文目录，政策理论、业务知识、文化素养培训和技能训练情况等材料。

（五）政审、审计和审核类材料。主要有政治历史情况审查，领导干部经济责任审计和自然资源资产离任审计的审计结果及整改情况、履行干部选拔任用工作职责离任检查结果及说明、证明，干部基本信息审核认定、干部人事档案任前审核登记表，廉洁从业结论性评价等材料。

（六）党、团类材料。主要有《中国共产党入党志愿书》、入党申请书、转正申请书、培养教育考察，党员登记表，停止党籍、恢复党籍，退党、脱党，保留组织关系、恢复组织生活，《中国共产主义青年团入团志愿书》、入团申请书，加入或者退出民主党派等材料。

（七）表彰奖励类材料。主要有表彰和嘉奖、记功、授予荣誉称号，先进事迹以及撤销奖励等材料。

（八）违规违纪违法处理处分类材料。主要有党纪政务处分，组织处理，法院刑事判决书、裁定书，公安机关有关行政处理决定，有关行业监管部门对干部有失诚信、违反法律和行政法规等行为形成的记录，人民法院认定的被执行人失信信息等材料。

（九）工资、任免、出国和会议代表类材料。主要有工资待遇审批、参加社会保险，录用、聘用、招用、入伍、考察、任免、调配、军队转业（复员）安置、退（离）休、辞职、辞退，公务员（参照公务员法管理人员）登记、遴选、选调、调任、职级晋升，职务、职级套改，事业单位管理岗位职员等级晋升，出国（境）审批，当选党的代表大会、人民代表大会、政协会议、群团组织代表会议、民主党派代表会议等会议代表（委员）及相关职务等材料。

（十）其他可供组织参考的材料。主要有毕业生就业报到证、派遣证，工作调动介绍信，国（境）外永久居留资格、长期居留许可等证件有关内容的复印件和体检表等材料。

干部人事档案材料具体内容和分类标准由中央组织部确定。

第二十条　各级党政机关、国有企事业单位和其他组织及个人应当按照各自职责，共同做好干部人事档案内容建设。

中央组织部会同有关部门统一明确归档材料的内容填写、格式规范等要求。

各级党政机关、国有企事业单位和其他组织应当按照要求制发材料。

干部本人和材料形成部门必须如实、规范填写材料。

材料形成部门应当按照相关规定审核材料，在材料形成后 1 个月内主动向相应的干部人事档案工作机构移交。

第四章　日常管理

第二十一条　干部人事档案日常管理主要包括档案建立、接收、保管、转递、信息化、统计和保密，档案材料的收集、鉴别、整理和归档等。

日常管理工作中，组织人事部门及其干部人事档案工作机构应当执行国家档案管理的有关法律法规，接受同级档案行政管理部门的业务监督和指导。

第二十二条　干部人事档案分为正本和副本。

首次参加工作被录用或者聘用为本条例第六条所列人员的，由相应的干部人事档案工作机构以其入党、入团，录用、聘用，中学以来的学籍、奖惩和自传等材料为基础，建立档案正本，并且负责管理。

干部所在单位或者协管单位干部人事档案工作机构根据工作需要，可以建立副处级或者相当职务以上干部的干部人事档案副本，并且负责管理。副本由正本主要材料的复制件构成。正本有关材料和信息变更时，副本应当相应变更。

发现干部人事档案丢失或者损毁的，必须立即报告上级组织人事部门，并且全力查找或者补救。确实无法找到或者补救的，经报上级组织人事部门批准，由负责管理档案的干部人事档案工作机构协调有关单位重新建立档案或者补充必要证明材料。

第二十三条　干部人事数字档案是按照国家相关技术标准，利用扫描等技术手段将干部人事纸质档案转化形成的数字图像和数字文本。

　　组织人事部门及其干部人事档案工作机构在干部人事档案数字化过程中，应当严格规范档案目录建库、档案扫描、图像处理、数据存储、数据验收、数据交换、数据备份、安全管理等基本环节，保证数字档案的真实性、完整性、可用性、安全性，确保与纸质档案一致。

　　干部人事数字档案在利用、转递和保密等方面按照纸质档案相关要求管理。

　　第二十四条　组织人事部门及其干部人事档案工作机构应当按照预防为主、防治结合的要求，建立和维护科学合理的档案存放秩序，按照有关标准要求建设干部人事档案库房，加强库房安全管理和技术防护。档案数量较少的单位，也应当设置专用房间保管档案。阅档场所、整理场所、办公场所应当分开。

　　第二十五条　干部人事档案管理权限发生变动的，原管理单位的干部人事档案工作机构应当对档案进行认真核对整理，保证档案内容真实准确、材料齐全完整，并在 2 个月内完成转递；现管理单位的干部人事档案工作机构应当认真审核，严格把关，一般应当在接到档案 2 个月内完成审核入库。

　　干部出现辞职、出国不归或者被辞退、解除（终止）劳动（聘用）合同、开除公职等情况，在党委（党组）或者组织人事等有关部门对当事人作出结论意见或者处理处分，经保密审查后，原管理单位的干部人事档案工作机构应当将档案转递至相应的干部人事档案工作机构、公共就业和人才服务机构或者本人户籍所在地的社会保障服务机构。接收单位不得无故拒绝接收人事档案。

　　转递干部人事档案必须通过机要交通或者安排专人送取，转递单位和接收单位应当严格履行转递手续。

　　因行政区划调整、机构改革等原因单位撤销合并、职能划转、职责调整，国有企业破产、重组等，组织人事部门应当制定干部人事档案移交工作方案，编制移交清单，按照有关要求及时移交档案。

　　干部死亡 5 年后，其人事档案移交本单位档案部门保存，按同级国家档案馆接收范围的规定进馆。

　　第二十六条　组织人事部门及其干部人事档案工作机构应当按照国家相关标准和要求，加强档案信息资源的规划、建设、开发和管理，提升档案信息采集、处理、传输、利用能力，建立健全安全、便捷、共享、高效的干部人事档案信息化管理体系。

　　第二十七条　组织人事部门及其干部人事档案工作机构应当定期对干

部人事档案日常管理、基础设施和队伍建设等工作情况进行统计、分析、研判，加强档案资源科学管理。

第二十八条 各级党政机关、国有企事业单位和其他组织及个人，对于属于国家秘密、工作秘密的干部人事档案材料和信息，应当严格保密；对于涉及商业秘密、个人隐私的材料和信息，应当按照国家有关法律规定进行管理。

第二十九条 干部人事档案工作机构及其工作人员应当按照相关标准和要求，及时收集材料，鉴别材料内容是否真实，检查材料填写是否规范、手续是否完备等；对于应当归档的材料准确分类，逐份编写材料目录，整理合格后，一般应当在 2 个月内归档。

第五章 利用和审核

第三十条 干部人事档案利用工作应当强化服务理念，严格利用程序，创新利用方式，提高利用效能，充分发挥档案资政作用、体现凭证价值。

干部人事档案利用方式主要包括查（借）阅、复制和摘录等。

第三十一条 因工作需要，符合下列情形之一的，可以查阅干部人事档案：

（一）政治审查、发展党员、党员教育、党员管理等；

（二）干部录用、聘用、考核、考察、任免、调配、职级晋升、教育培养、职称评聘、表彰奖励、工资待遇、公务员登记备案、退（离）休、社会保险、治丧等；

（三）人才引进、培养、评选、推送等；

（四）巡视、巡察，选人用人检查、违规选人用人问题查核，组织处理，党纪政务处分，涉嫌违法犯罪的调查取证、案件查办等；

（五）经具有干部管理权限的党委（党组）、组织人事部门批准的编史修志，撰写大事记、人物传记，举办展览、纪念活动等；

（六）干部日常管理中，熟悉了解干部，研究、发现和解决有关问题等；

（七）其他因工作需要利用的事项。

干部本人及其亲属办理公证、诉讼取证等有关干部个人合法权益保障的事项，可以按照有关规定提请相应的组织人事等部门查阅档案。

复制、摘录的档案材料，应当按照有关要求管理和使用。

第三十二条 查阅干部人事档案按照以下程序和要求进行：

（一）查阅单位如实填写干部人事档案查阅审批材料，按照程序报单位负责同志审批签字并加盖公章；

（二）查阅档案应当2人以上，一般均为党员；

（三）干部人事档案工作机构应当按照程序审批；

（四）在规定时限内查阅。

第三十三条 干部人事档案一般不予外借，确因工作需要借阅的，借阅单位应当履行审批手续，在规定时限内归还，归还时干部人事档案工作机构应当认真核对档案材料。

第三十四条 组织人事部门及其干部人事档案工作机构应当按照统一要求，结合实际制定查（借）阅干部人事档案的具体规定。

第三十五条 组织人事部门应当坚持"凡提必审""凡进必审"、干部管理权限发生变化的"凡转必审"，在干部动议、考察、任职前公示、录用、聘用、遴选、选调、交流，人才引进，军队转业（复员）安置，档案转递、接收等环节，严格按照有关政策和标准，及时做好干部人事档案审核工作。

第三十六条 干部人事档案审核应当在全面审核档案内容的基础上，重点审核干部的出生日期、参加工作时间、入党时间、学历学位、工作经历、干部身份、家庭主要成员及重要社会关系、专业技术职务（职称）、学术评鉴、奖惩等基本信息，审核档案内容是否真实、档案材料是否齐全、档案材料记载内容之间的关联性是否合理以及是否有影响干部使用的情形等。

第三十七条 干部人事档案审核中发现的问题应当按照相关规定及时进行整改和处理。涉及干部个人信息重新认定的，应当及时通知干部所在单位和干部本人。

凡发现档案材料或者信息涉嫌造假的，组织人事部门等应当立即查核，未核准前，一律暂缓考察或者暂停任职、录用、聘用、调动等程序。

第三十八条 组织人事部门及其干部人事档案工作机构应当运用大数据等信息技术，建立健全干部人事档案科学利用机制，为干部资源配置、领导班子建设、干部队伍宏观管理、组织人事工作规律研究等提供精准高效服务。

第六章　纪律和监督

第三十九条　开展干部人事档案工作必须遵守下列纪律：

（一）严禁篡改、伪造干部人事档案；

（二）严禁提供虚假材料、不如实填报干部人事档案信息；

（三）严禁转递、接收、归档涉嫌造假或者来历不明的干部人事档案材料；

（四）严禁利用职务、工作上的便利，直接实施档案造假，授意、指使、纵容、默许他人档案造假，为档案造假提供方便，或者在知情后不及时向组织报告；

（五）严禁插手、干扰有关部门调查、处理档案造假问题；

（六）严禁擅自抽取、撤换、添加干部人事档案材料；

（七）严禁圈划、损坏、扣留、出卖、交换、转让、赠送干部人事档案；

（八）严禁擅自提供、摘录、复制、拍摄、保存、丢弃、销毁干部人事档案；

（九）严禁违规转递、接收和查（借）阅干部人事档案；

（十）严禁擅自将干部人事档案带出国（境）外；

（十一）严禁泄露或者擅自对外公开干部人事档案内容。

第四十条　党委（党组）及其组织人事部门对干部人事档案工作和本条例实施情况进行监督检查。

纪检监察机关、巡视巡察机构按照有关规定，对干部人事档案工作进行监督检查。

第四十一条　党委（党组）及其组织人事部门在干部人事档案工作中，必须严格执行本条例，自觉接受组织监督和党员、干部、群众监督。

下级机关（单位）和党员、干部、群众对干部人事档案工作中的违纪违规行为，有权向上级党委（党组）及其组织人事部门、纪检监察机关举报、申诉，受理部门和机关应当按照有关规定查核处理。

第四十二条　对于违反相关规定和纪律的，依据有关规定予以纠正；根据情节轻重，给予批评教育、组织处理或者党纪政务处分，并视情追究相关人员责任。涉嫌违法犯罪的，按照国家法律法规处理。

第七章 附则

第四十三条 流动人员和自主择业军队转业干部等其他人员的人事档案管理工作，由相关主管部门根据本条例精神另行规定。

第四十四条 中国人民解放军和中国人民武装警察部队干部人事档案工作规定，由中央军事委员会根据本条例精神制定。

第四十五条 本条例由中央组织部负责解释。

第四十六条 本条例自 2018 年 11 月 20 日起施行。1991 年 4 月 2 日中央组织部、国家档案局印发的《干部档案工作条例》同时废止。

附录二 A4 纸型档案材料打孔样式

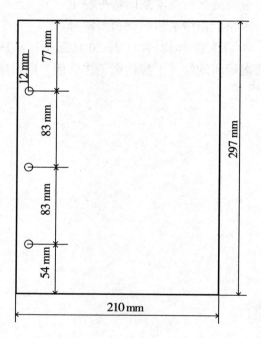

单位：mm

附录三　干部人事档案卷盒规格和样式

（封面）

310 mm

225 mm

单位：mm

注：“干部人事档案”字样为楷体72磅，“正本”字样为小初号宋体，颜色为正红色；卷盒为浅黄色。

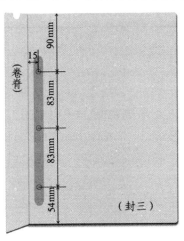

（封三）

单位：mm

附录四　干部人事档案目录

序　号	材料名称	材料形成时间			页　数	备　注
		年	月	日		

附录五　干部人事档案材料转递单

_____字第 ___号

_____:

　　兹将_____等_____名同志的档案材料转去，请按档案目录清点查收，并将回执及时退回。

　　发件人签名：　　　　　　　　　　　　发件机关盖章

　　　　　　　　　　　　　　　年月日

姓名	单位及职务	转递原因	正本 （卷）	副本 （卷）	档案材料 （份）

回执	_____: 　　你处于_____年_____月_____日转来_____字第_____号_____等_____名同志的档案正本共_____卷，副本_____卷，材料_____份，已全部收到，现将回执退回。 　　收件人签名　　　　　　　　　　　　收件机关盖章 　　_____年_____月_____日